/ 100 位

为新中国成立作出突出贡献的英雄模范人物/

谢 子 长

张铁慧/编著

吉林文史出版社

图书在版编目（CIP）数据

谢子长 / 张铁慧编著. -- 长春：吉林文史出版社，
2011.4（2022.4重印）
（100位为新中国成立作出突出贡献的英雄模范人物）
ISBN 978-7-5472-0576-1

I．①谢… II．①张… III．①谢子长（1897～1935）—
生平事迹 IV．①K827=6

中国版本图书馆CIP数据核字(2011)第051195号

谢子长

XIEZICHANG

编著/ 张铁慧

选题策划/ 王尔立　责任编辑/ 王尔立

装帧设计/ 韩璘

出版发行/ 吉林文史出版社

地址/ 长春市福祉大路5788号　邮编/ 130118

电话/ 0431-81629363　传真/ 0431-86037589

印刷/ 天津海德伟业印务有限公司

版次/ 2011年4月第1版 2022年4月第6次印刷

开本/ 640mm×920mm　1/16

印张/ 9　字数/ 100千

书号/ ISBN 978-7-5472-0576-1

定价/ 29.80元

《100位为新中国成立作出突出贡献的英雄模范人物》丛书

★★★★★

编 委 会

100位

为新中国成立作出突出贡献的英雄模范人物

八女投江	于化虎	小叶丹	马本斋	马立训	方志敏
毛泽民	毛泽覃	王尔琢	王尽美	王克勤	王若飞
邓萍	邓中夏	邓恩铭	韦拔群	冯平	卢德铭
叶挺	叶成焕	左权	诺尔曼·白求恩		任常伦
关向应	刘老庄连	刘伯坚	刘志丹	刘胡兰	吉鸿昌
向警予	寻淮洲	戎冠秀	朱瑞	江上青	江竹筠
许继慎	阮啸仙	何叔衡	佟麟阁	吴运铎	吴焕先
张太雷	张自忠	张学良	张思德	旷继勋	李白
李林	李大钊	李公朴	李兆麟	李硕勋	杨殷
杨子荣	杨开慧	杨虎城	杨靖宇	杨闇公	萧楚女
苏兆征	邹韬奋	陈延年	陈树湘	陈嘉庚	陈潭秋
冼星海	周文雍、陈铁军夫妇		周逸群	明德英	林祥谦
罗亦农	罗忠毅	罗炳辉	郑律成	恽代英	段德昌
贺英	赵一曼	赵世炎	赵尚志	赵博生	赵登禹
闻一多	埃德加·斯诺	夏明翰	格里戈里·库里申科		
狼牙山五壮士	聂耳	郭俊卿	钱壮飞	黄公略	
彭湃	彭雪枫	董存瑞	董振堂	谢子长	鲁迅
蔡和森	戴安澜	瞿秋白			

前　言

　　每个人的心中都多少有一点英雄情结，都向往英雄、景仰英雄。也正因此，在中华人民共和国建国六十周年之际，由中央十一部委联合组织开展的"100位为新中国成立作出突出贡献的英雄模范人物和100位新中国成立以来感动中国人物"的评选活动中，群众参与投票总数近一亿。这其中的每一张选票，都表达了人们对英雄模范的崇敬之情，寄托着对伟大祖国的美好祝福。

　　一个民族不能没有英雄，否则这个民族就不会强大。当国家危难之时，懦弱者选择了逃避、妥协甚至投降，英雄们却挺身而出，用热血捍卫民族的尊严，人民的幸福。在创立和建设新中国的伟大历程中，涌现出无数可歌可泣的英雄模范人物。他们之中，有为了民族独立和人民解放而英勇牺牲的革命先烈，有为了党和人民的事业而不懈奋斗的优秀共产党员，有在全民族抗战中顽强奋战、为国捐躯的爱国将士，有英勇杀敌的战斗英雄和革命群众，有积极从事进步活动的著名民主爱国人士和国际友人……他们是民族的脊梁、祖国的骄傲，是激励全体人民团结奋斗的精神力量。

　　《100位为新中国成立作出突出贡献的英雄模范人物传记》丛书，就像一部星光璀璨的英雄谱，真实、完整地记录了英雄模范人物不平凡的一生，再现了他们非凡的人格魅力和精神世界。"头颅可断腹可剖"的铁血将军杨靖宇，"毫不利己，专门利人"的白求恩，"抗战军人之魂"张自忠，"砍头不要紧"的夏明翰，"俯首甘为孺子牛"的文化斗士鲁迅……一串串闪光的名字，一个个动人的故事，犹如群星闪烁，光耀中华。

　　如今，战火已熄，硝烟已散，英雄已逝，我们沐浴在和平的幸福之中。在和平年代，人们不会忘记为今日的和平浴血奋战的英雄们，英雄的故事永远不会结束。让我们用英雄的故事唤醒我们心中的激情，为中华民族的伟大复兴而奋斗。

生平简介

谢子长（1897–1935），男，汉族，陕西省安定县（今子长县）人，中共党员。

谢子长1925年加入中国共产党。后被选为安定县地方行政会议主席团成员和农民协会促成会委员。1927年10月与唐澍等组织领导清涧起义。1928年5月参与领导渭华起义，任西北工农革命军军事委员会委员兼革命军第三大队大队长。后任中共陕北特委军委委员、陕北行动委员会军事指挥部总指挥，在陕北、宁夏、甘肃等地做兵运工作。1931年10月，和刘志丹等将南梁游击队和陕北游击支队合编为西北反帝同盟军，后改编为中国工农红军陕甘游击队，任总指挥，率部转战陕甘边，创建革命根据地。1933年夏被派往察哈尔民众抗日同盟军第十八师，负责中共组织的工作。同年11月回到陕西，任中共中央北方代表派驻西北军事特派员，在极端困难的条件下恢复和建立了陕北红军游击队五个支队，建立了安定、延川根据地。1934年后，任陕北红军游击队总指挥部总指挥、红二十六军四十二师政治委员，1935年任中共西北工作委员会委员和西北革命军事委员会负责人，指挥部队粉碎了国民党军对陕北苏区的"围剿"。谢子长在长期征战中，多次负伤。因战伤恶化，1935年2月21日逝世。

◀ 谢子长

目 录 MULU

忠心为党忘我革命的民族英雄（代序）

陕西西安革命公园，一座高大英武的雕像昂然矗立，四面鲜花环绕。陕西省子长县，因英雄的名字而美名远扬。它们都在寂静无息静静地向英雄传递着人们对他的崇高敬意。"民族英雄"、"虽死犹生"、"浩气长存"、"一生为人民创造红地，百姓到如今叫你青天"……无尽的追思，向人们讲诉着一位共产党人的崇高情怀。

他就是忠心为党忘我革命的民族英雄谢子长。

他出生于陕西省安定县一个革命的家庭，从1932年到1936年，他一家先后有九个亲人为革命而英勇牺牲，被人们誉为"满家红"。

他青年时期接受革命思想，1924年走上革命道路，1925年加入中国共产党，从此坚定地走上为党、为人民奋斗终生的道路。

他心系百姓，领导全县人民参加反帝反封建的革命运动，曾拘禁、审判大土豪，驱逐放高利贷者，废除苛捐杂税，当地群众称他为"谢青天"。

革命斗争环境异常艰苦，他说："革命就得不怕死，就得能吃苦。"他是这么说的，也是这么做的。在极其艰苦、危险的环境下，他领导发动了清涧起义、渭华起义，率部与国民军英勇激战。他开展兵运工作，成效显著。

他是西北红军和革命根据地的创建人之一，他领导陕北工农红军浴血奋战，连续取得安定景武家塌、绥德张家屹台、清涧河口战斗的胜利，粉碎国民党军对陕北革命根据地的第一次"围剿"，发展了根据地，壮大了红军的力量。

他一心为党，即使被党内"左"倾错误领导人撤销职务，也毫无怨言，临危受命，力挽狂澜，把全部的热情与信念都献给了党的事业。

重伤在身的他，更是时刻关心着西北革命的发展，不断思考着如何壮大红军的武装力量，他想的是自己多年革命历程的经验教训，想的是百姓的疾苦。

1935 年 2 月，谢子长伤情恶化，高烧不退，感觉到自己伤情已无好转的希望，他仍叹息愧疚于为百姓做的事太少。

2 月 21 日，处于弥留之际的谢子长仍在昏迷中呼喊着战友的名字，仍在指挥部队冲锋作战，直至逝世。时年 38 岁。

英雄离开我们已经很久，然而"陕甘游击队，老谢总指挥。打开安定城，犯人放出监……"这首至今流传在陕甘人民中间的红色歌谣，仍在深切地表达着人民对"谢青天"的爱戴与敬仰。泱泱中华大地，培育了数不尽的仁人志士、英雄豪杰，他们为中华民族的解放，为中国人民的幸福，抛头颅，洒热血，把青春与生命献给了党，献给了中华民族。他们正如广袤的夜空中闪烁的繁星，生命虽然短暂，却明亮照人。谢子长正是那数不清的繁星中的一颗，闪烁在万里长空之上，熠熠生辉，照亮着青少年的人生之路。

斯人已逝，精神永存。

青少年时期

(1897—1923)

→ 农民之子

1897年1月19日，农历的腊月十七日，在离陕西省安定县城西北约十公里的枣树坪村，一个家境还算殷实的农民家庭，一个男婴呱呱坠地，婴儿清亮的哭声为这个已有四女两男的家庭平添了一丝欢乐。粗通文字的一家之主谢彪鹏为男婴取名谢世元，正是这普通家庭中诞生的农民之子，成为了日后陕北革命根据地和中国工农红军第二十六军、第二十七军的创始人。也正是因为英雄的功绩，他的家乡安定县改为子长县沿用至今，英雄的名字也永留青史。

谢子长出生的枣树坪村，位于安定旧县城西北。秀延河清清的河水，流过延安府以北100公里的绵绵群山，无数涓涓细流汇集一起，缓缓地向东又向南流去，由于河水常年的冲积，这里形成了一个坪，坪上长满了枣树，枣树坪村也由此得名。

谢子长的父亲谢彪鹏，自小跟着父亲务农。枣树坪村地处陕北偏僻的山沟，识字的人屈指可数，而谢彪鹏从小聪明好学，不但识了不少字，而且练就了一手好字。几辈务农的庄稼汉，在那个偏僻的小山村，可以称得上先生了。再加上谢彪鹏为人正直，心地善良，陈近谁家有个红白喜事或家庭矛盾，都要请他去主持个公道，因此，很受人尊敬。

▽ 子长县李家岔枣树坪村

谢家以务农为业，兼开柴草店。谢子长的母亲贺氏，出身贫寒，但勤劳贤惠，精明能干。谢家在谢子长爷爷手里时，家境贫困，到谢子长父亲手里时，家境才渐渐好起来。虽然也耕种着祖传的几亩薄地，但由于父母勤俭持家，日子说不上宽裕，但既开店又务农，在当地还算过得去的家庭。谢子长排行老七，上有两个哥哥，四个姐姐。父母晚年添子，真是福中添福，自然是高兴至极。所以谢子长从小就受到父母和哥哥姐姐们的疼爱，父亲先是给他起名叫世元，后又改叫德元。少年时期的谢子长虽然得到了太多的疼爱，但小小年纪的他却很懂事，受母亲的影响，谢子长勤劳能干，肯吃苦，从小就随大哥德惠、二哥占元下地劳动，上山放羊，地里的活儿他更是主动帮着哥哥姐姐们干。父亲的善良正直，母亲的勤劳贤惠，使谢子长从小就受到了良好的家庭教育和熏陶。天资聪颖的谢子长，更是在父亲的教导下，不但识文断字，而且接受了孔孟之道的儒家思想，他懂得了人要以"修身为本"，要"重义轻利"，而要"修身"就要做到"见贤思齐"，"见不贤而内自省"，要"吾日三省吾身"，要"去私心，行公义"，要"舍生取义"，更要"穷则独善其身，达则兼济天下"。这些儒家传统文化思想，给幼年的谢子长打下了深厚的思想基础。一次，家里杀了一只羊，由于没及时吃完，羊肉味道不太好了，家人觉得扔掉了有点可惜，就要送给住店的脚夫吃。谢子长忙说："'己所不欲，勿施于人。'我们不能吃，更不能送给别人吃。"父亲听谢子长这样说，高兴地表扬了他，告诉他对圣人的话要"笃行之"。当时陕北地区文化教育十分落后，天资聪颖的谢子长，到了14岁才开始在本村上冬学。这时的谢子长看到社会上的种种不平等现象，看到穷人受欺压，心想："如果我练就一身硬功夫，不但再也不会受欺负，还可以替人打抱不平。"当时北区立一川路家坪的魏敬德从小习武，游过少林寺，上过五台山，他性情豪爽，疾恶如仇，在当地颇负盛名。谢子长慕名拜魏敬德为师练功习武，一心想练就一身好功夫。性格坚强的谢子长，不论学习还是习武都格外用功，进步非常快。而拜师学武这一段经历，不但让谢子长练就一身本领，而且在师傅的教诲下，谢子长懂得了许多做人的道理，造就了他敢作敢为、刚正不阿的性格，而这些中华民族的传统美德在谢子长的心灵中也打下了深深的烙印。

➔ 展露天性

★★★★★

（17—20岁）

谢子长的天资聪颖与勤奋好学，父亲时时看在眼里，记在心上。虽然地处偏僻的山沟，但父亲决心供他求学深造。1914年，谢子长已经年满17岁了，才转入安定县城的"文笔书院"读书。一个农民家的孩子能进入县城读书，这在地处偏远山乡的农家子弟中是极为少见的。懂事的谢子长在"文笔书院"十分刻苦地学习，成绩一直名列前茅。这时的谢子长虽然已经17岁了，但是身体瘦小，尽管目光炯炯有神，但由于背有点驼，长得消瘦，同学们戏称他为"谢猴"。对于这个戏称，胸怀大志的谢子长不以为然，笑着回答："我想当大闹天宫的'孙猴'。"一次，老师有事外出，天性耿直的谢子长真的"闹"起了"天宫"——指挥同学在教室里上演了一出"包公审案"。教室里的课桌被摆成了县大堂的样子，教室成了临时的"公堂"，用墨把脸涂得黑黑的谢子长，有模有样地扮起了包公，正襟危坐于"公堂"之上。"王朝"、"马汉""押"着一个平常倚仗父亲在县衙当执事、经常仗势欺人的同学跪于堂下，谢子长认认真真地审起了"贪官"：

"大胆奴才！你倚仗权势，欺压同学，快快给我从实招来！"

谢子长的一声大喝，让"贪官"心惊胆战，

▽ 谢子长希望小学位于陕北延安市子长县，原名枣树坪小学。为纪念民族英雄谢子长将军，1996年由希望工程汇集八个省市的捐款，兴建了一座二层的教学楼之后，正式更名为谢子长希望小学。

堂下的"衙役"、"官员"看到出气的时候到了，也都大喝："不招，就打屁股！"看到假戏成真，平时趾高气扬的"贪官"吓得趴在地上大哭起来。这时，一位老师走进了教室，看到教室被弄得乱七八糟，学生们的脸上个个五颜六色，真是又好气又好笑。问清了原因，老师让参与"审案"的同学站成一排，每人罚打三戒尺。一听说要打戒尺，同学们面面相觑，吓得直吐舌头。这时，满脸墨黑的谢子长站出来说："这都是我领着他们干的，要打，就打我一个人好了！"老师看到谢子长挺身而出，决计试试这位"英雄"到底是真是假。他当着同学们的面举起了戒尺，狠狠地打了谢子长的手，谢子长一声没吭，动也没动一下。过后，这位老师感慨地说："这个学生长大不得了啊！"此后，性格豪爽、正直善良、仗义执言的谢子长在同学们的心目中成了"英雄"，威信更高了。他同情穷苦人民，敢于反抗压迫的斗争精神，在学生时代就展现出来，这和他接受良好的家庭教育是分不开的，谢子长身上具有的良好品质为他日后的革命斗争奠定了良好的基础。

接受革命思想

★★★★☆

（21—23 岁）

"文笔书院"时期的谢子长，青春年少，血气方刚，凭着满腔热血一心要使老百姓摆脱封建官僚的欺压。如果说这时的谢子长正处于思想的萌芽期，那么1918年后中国大地兴起的五四运动，则让他经历了思想上的深刻洗礼。他开始把个人的命运同国家、民族的命运紧密相连，在他的心中树立了一个坚定的信念：为国效劳，为民谋利。

1918年秋，处于五四运动前夜的中国大地上，到处响彻着"德先生"和"赛先生"（民主和科学）的口号，以陈独秀创办的《新青年》为标志的新文化运动在中国大地迅速兴起。也是在这一时期，谢子长考入西安省立第一中学，从陕北农村来到省城西安，谢子长迅速接受了新思想、新思潮的洗礼，追求民主，追求真理的思想潮流，使他的心灵受到了前所未有的震撼，他开始了对真理、对国家和民族命运的思考。而一次在家乡状告县长的经历，让他与时任榆林中学校长、受民主革命影响颇深的杜斌丞成了莫逆之交，对他的人生道路产生了重要的影响。

早在 1914 年，谢子长在县城"文笔书院"读书时，就曾目睹了军阀贪官污吏的暴行。而当新文化运动在神州大地蓬勃兴起的时候，谢子

△ 谢子长烈士纪念馆，位于子长县城东北。该馆现为全国重点革命烈士纪念建筑物保护单位。

长的家乡安定县还没有摆脱封建正统思想的禁锢。当时安定县有一位爱国进步人士叫郭海宽，他听到袁世凯称帝的事，便跑到庙会上，在观音菩萨佛像前控诉袁世凯的倒行逆施，意在祈求神灵惩罚袁世凯。当时的安定县县长章尚武以"反袁即反己"为由，将郭海宽关进了大牢。1918 年，回到家乡的谢子长，在听说了县长章尚武贪赃枉法的诸多事实后，义愤填膺，决心控告县长章尚武。时值冬季，天寒地冻，陕北的冬天更是滴水成冰。谢子长怀揣诉状，一步一滑地走了六天，硬是赶到了离安定县城三百多公里的榆林府。状子递了上去，几天过去了，却一点音信都没有。谢子长再也按捺不住心中的怒火，径直闯入衙门。没想到刚迈进府衙大门，就被衙役连骂带推地架了出来。这时，恰逢榆林中学一位名叫李波涛的学生经过这里，问明事由后，他建议谢子长去找榆林中学校长杜斌丞。受民主革命影响颇深的杜斌丞时任榆林中学校长，他广聘名师，提倡民主育人，支持师生们的爱国运动，鼓励学生为国效力，同时增设新课程，传播新思想，学校办得很有生气。在李波涛的引荐下，谢子长见到了杜斌丞校长。两人的第一次见面，杜校长就对正直善良、不畏权贵、敢于反抗的谢子长大加赞赏，对这个关心国家命运、关心百姓疾苦、满腔热血的青年充满了喜爱之情，并答应要帮助他。

由于杜斌丞的出面，榆林府的道台只好接了状告章尚武的状子。在堂审时，谢子长义正词严，用有力的事实控诉章尚武贪赃枉法、横征暴敛、欺压百姓的罪行，在杜斌丞等知名人士的过问下，道台不得已革掉了章尚武县长的职位，年轻学子谢子长状告县长的事，在当地也一时传为佳话。人们还编了一个顺口溜传诵：

安定章县长，枉法又贪赃。

逼民交粮款，关押郭海宽。

学子谢子长，血气正方刚。

北上榆林府，为民去告状。

求助杜校长，状子递上堂。

道台见谢子长，一副学生样。

谢子长把理讲，道台答不上。

革了县长职，准了谢子长状。

状告县长的经历，让谢子长和杜斌丞相交甚深。第二年，谢子长便转入榆林中学学习，正是在榆林中学读书期间，他接受了思想启蒙教育，受到进步思想的影响，为他日后走上革命道路打下了坚实的基础，也使他的人生出现了重要的转折。

榆林中学的前身是"陕北二十三县联立中学"，由前清举人王麟辉兴办，学校沿袭旧制，读经尊孔，搞得死气沉沉。1917年，杜斌丞从北京高等师范学校毕业后，毅然来到偏远的榆林中学任教，1918年担任校长。在杜斌丞的苦心策划下，学校先后聘任了一大批思想进步、学识渊博的老师来榆林中学任教，向学生传播新文化和革命思想，使学校一扫往日死气沉沉的气氛，变得生机勃勃。杜斌丞校长也积极改革旧制，组织学生成立自治会、读书会，宣传新文化运动和革命思想，启发学生树立救国救民的远大理想，榆林中学也因此成为陕北最早推行进步思想的学府。正是在这样良好的思想氛围下，谢子长受十月革命和五四新文化运动的影响，思想更加激进，他刻苦学习，关心时政，敢于针砭时弊。在一篇谈理想的作文中，他更是严辞痛斥军阀列强

△ 谢子长陵园的将军铜像

的暴政，对劳苦大众给予了深厚的同情，表达了要通过读书救国的远大抱负，他的文章受到国文老师的高度赞扬。在校长杜斌丞和其他进步教师的影响下，谢子长有机会阅读大量的进步书刊，并开始接受新文化、新思想。在进步思想的熏陶下，谢子长树立了"以天下为己任"的远大理想，他立志要救国救民，尽自己的力量去改变社会。由于他品学兼优，思想上进，被推举为校学生会负责人。

1921年底，为反对帝国主义召开"太平洋会议"，在校长杜斌丞的支持下，谢子长等发动榆林中学的学生罢课三天。在此期间，他率领学生们在校内外举行集会游行，高呼"打倒帝国主义"、"打倒军阀官僚"的口号，高唱"打倒列强，除军阀……"的爱国歌曲，在街头发表演讲，抗议帝国主义瓜分中国的罪恶行径。当时陕北军阀井岳秀在榆林等地开设迷信团体同善社。帝国主义也利用办教堂作幌子，推行文化侵略政策，以此麻痹群众。谢子长带领学生会的成员，积极开展反对同善社和非基督教运动的宣传活动，在他们的宣传和斗争下，部分学生退了教。谢子长还带领学生会的成员，利用假期组织学生深入城乡，反对买卖婚姻和童养媳，宣传妇女放足，不扎耳眼，不带耳环，做了大量的破除迷信工作，在当地引起极大的反响。

陕北地区地理位置偏远闭塞，教育十分落后，许多乡村数十户人家找不出一个识文断字之人，过年写春联，农民干脆用碗底蘸上墨汁在红纸上按圆圈儿。文化的封闭落后，农民的愚昧无知，封建地主的盘剥，使农民苦不堪言。目睹此情此景，谢子长忧心忡忡，他的内心充满了忧患之情：养育了无数儿女的中华民族啊！什么时候才能脱离这水深火热的境地！在杜斌丞校长教育救国思想的影响下，怀着满腔热血，一心报国救民的谢子长梦想着通过教育使农民摆脱贫困，摆脱欺压。1920年春季，未及毕业，谢子长怀着教育救国的梦想，毅然决定回家乡安定创办村教育。然而这次经历却使他遭受不小的打击，思想茫然无措，内心充满了苦闷。当时安定县大大小小的军阀、土豪劣绅鱼肉百姓，农民家中隔夜之粮都没有，更别说供孩子上学了。可以想象，一个书生，空有一腔热情，面对经费无着落，生源无保障，层层阻力，困难重重的境遇，想要办学，真是难之又难。这次办学经历使谢子长认识到仅靠办学救不了劳苦大众，要想改变这个黑暗的社会，只有靠枪杆子。在杜斌丞校长的鼓励下，他毅然投笔从戎，只身赴"太原学兵团"学习军事，寻找新的救国救民之路。

决意武装救国

★★★★★

（24—26岁）

　　1921年夏，怀抱习武救国之念的谢子长考入阎锡山举办的"太原学兵团"，被编在二营六连学习军事。学习期间，他吃苦耐劳，功课及军事训练科目均名列前茅，深得教官与同学们的称赞和敬重。两年后，他以优异的成绩结业,结业时,对这位品学兼优的学生，连长窦桂五曾口占两绝相赠：

其　一

祖逖鞭先独让君，更期学术冠全军。
他年鹏翮凌云愿，一举能惊四座闻。

其　二

两载同仇一旦分，殷殷海誓与山盟。

将来有事边防日，弹雨硝烟叙别情。

然而此时偌大的中国，却是一片漆黑，谢子长目睹了陕北的黑暗与落后。军阀的专制，土匪的抢掠，百姓的民不聊生，都让谢子长困惑不已：他想通过教育救国，此路不通；学了一身军事本领，却无用武之地。这个黑暗的旧中国，出路到底在哪里？"路曼曼其修远兮，吾将上下而求索。"谢子长决定到五四运动的发源地——北京，去寻找救国之路。1923 年 6 月，谢子长从学兵团毕业后，毅然离开了山西，踏上了救国救民的求索之路。

在北京，谢子长结识了中国共产党陕西组织的创始人之一魏野畴同志，并接受了不少新思想，使他增长了见识，开阔了眼界。当时，魏野畴正在进行"共进社"的整顿工作。"共进社"是一个进步社团，由陕西籍旅京进步学生于 1922 年 10 月 10 日在北京创办，以"提倡文化，改进社会"为宗旨，所出的刊物《共进》是五四以后全国最进步的刊物之一，在反帝反封建，传播新文化、新思想方面都有很大的影响力。"共进社"的会员大多是在北京求学的陕西青年知识分子，他们思想活跃，积极进步，后来许多会员都加入了中国共产党，它的一些主要领导人如魏野畴、李子洲、刘天章、刘含初等，都成了陕西党组织的创建者和著名活动家。谢子长来到北京后，就住在"共进社"总部里，在这样思想活跃的氛围里，谢子长如饥似渴地汲取着精神的营养。他仔细阅读着《共进》刊物，接受新思想的洗礼。在读到《共进宣言》中"我们认为中国目前应解除的两大恶势力，是国际资本帝国主义和军阀政治。但是国际资本帝国主义，实借军阀的恶势力予以蓬勃与作恶的莫大机会，所以认为首先努力于打倒军阀。因为打倒军阀，是对内谋政治清明的唯一的第一步方法，而于解除国际资本帝国主义，亦为釜底抽薪的办法"时，他表示了极大的赞同，并积极参加"共进社"的活动。这一时期的活动，使谢子长的思想更加开阔，他对中国社会的性质和如何改造这个社会有了进一步的认识。当时，"共进社"一些会员过于强调学术的作用，很多会员把精力放到写书、搞学术研究上，谢子长意识到这实际走的还是教育救国的老路子，是他走过的一条死胡同。经过慎重考虑，他决定还是走武装救国的道路，用自己学得的军事本领救国救民于危难之中。1924年春，谢子长返回了家乡安定县，创办县民团，决心从基础做起，去推翻这个黑暗的旧社会。

走上革命道路

（1924－1927）

→ 办民团，惩办土豪劣绅

★★★★★

（27岁）

1924 年初春，谢子长回到了阔别两年多的家乡安定县，他决心利用县民团这个合法组织，先掌握枪杆子，靠武装打垮这个旧世界。县里的绅士们听说上过军事学堂的谢子长要创办县民团，就向县知事推荐他担任了团总。谢子长就任团总后，决心改变原来民团的一些旧习气，让民团真正为老百姓做事。他首先动员贫苦的农家子弟来民团当团丁，同时还亲自到一些小学动员青年学生加入到民团中来，在他的感召下，民团很快发展到四五十人的规模，团丁的身份也发生了变化。同时，他注重对这些新招收的团丁进行思想政治教育和军事训练。每天他亲自带领团丁操练，苦练刺杀、瞄准等军事本领，并向团丁们进行思想教育，让他们懂得拿起枪杆子，不是为了抖威风，而是要摆脱受苦受欺压的生活，民团是人民的团，是要保护老百姓的团。在谢子长的训练与教育下，团丁们的面貌发生了很大改变，全团上下严明守纪，生机勃勃，作为民团的团总，谢子长更是以身作则，秉公执法。一次，谢子长的一位乡亲带了一包烟土进城，被站岗的团丁发现了，这位乡亲就说是谢团总的父亲让带的，团丁左右为难，不知如何是好，只好去请示谢子长，谢子长明确对他说："公事要公办，不要说我父亲让带的，就是我父亲亲自往城里带也不行！"老百姓听说了这件事，都称赞谢子长的铁面无私，为谢子长的公正暗暗叫好。在任县民

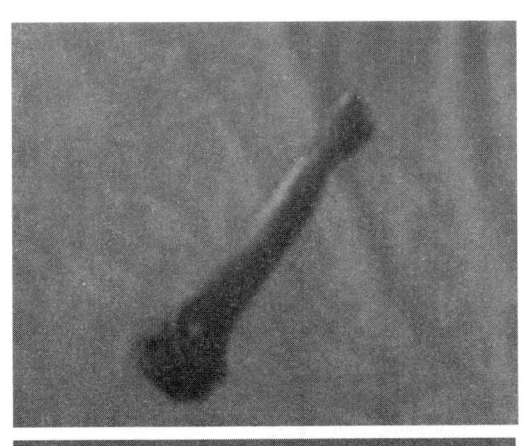

△ 在安塞县发现的谢子长用过的遗物——羊腿水烟枪

团团总期间，谢子长还利用自己掌握的民团武装，公开惩治土豪劣绅，打击地方恶势力，为老百姓伸张正义，深得百姓的拥戴。陕北军阀井岳秀是陕北的"土皇帝"，横行霸道，有恃无恐，当地百姓敢怒不敢言，谢子长知道后气愤异常，决心狠狠地惩治他们。有一次，听说周老汉被井岳秀手下的两个兵欺侮，毛驴也被拉走，谢子长难掩心中的怒火，半夜将拉走周老汉毛驴的两个兵抓回来。谢子长连夜审问，起初两个士兵还嘴硬不服，认为谢子长不敢得罪他们，没想到谢子长根本不怕，两个士兵只好认错告饶，并到客店去给周老汉赔礼道歉，送还了毛驴。多少年来，安定县的老百姓只有受欺压的份儿，从来没听说当兵的向老百姓道歉。第二天这消息像长了翅膀，迅速在安定县城传开，老百姓奔走相告，争相到小客店去看热闹，那两个兵灰溜溜地跑了回去。周老汉对谢子长是千恩万谢，当众磕头，他说："谢团总，你真是青天大老爷啊！"谢子长扶起周老汉，朗声说道："乡亲们！以后再不允许拿枪的欺负你们了！我们民团是保护老百姓的，若有兵士违规损民，本团总必严厉惩办，决不宽容！"话音刚落，人群中就爆发出一阵欢呼声。此后，"谢青天"的称号便在陕北百姓口中传开了。当时安定一带流传着这样的顺口溜："民呼谢青天，出头有日子。"

确立共产主义信念

★★★★★

（28 岁）

1925 年，是谢子长人生转折的重要一年。这一年他再次离开家乡，奔赴北平、天津，在那里他如饥似渴地阅读马列著作和各种进步书刊，结识众多的共产党员，特别是共产党人魏野畴和中共北平地区负责人刘伯庄，对谢子长的革命思想产生了深远影响。在他们的感召下，谢子长逐步确立了共产主义的理想和信念，前进的方向也更加清晰。他决心唤起民众，武装工农，并积极参加反帝反封建斗争。同年，谢子长经白超然、白志诚介绍并得到中共北平地委批准，光荣加入中国共产党，成为陕北地区为数不多的几位共产党员之一。至此，经历了迷茫与苦闷的谢子长，终于明确了前进的方向，义无反顾地走上了为共产主义事业奋斗终生的道路，短暂的一生写就了无数的辉煌。

 # 建立共产党的革命武装

★★★★★

（29岁）

1925 年底。

夜晚，寒风呼啸。

一列火车从北京站开出，像一匹骏马嘶鸣着在京汉线上疾驰。车厢中的谢子长思绪也如这夜色中疾驰的火车，奔腾不息。火车在夜色中前行，谢子长的思想却正走向光明。是的，在寻找救国救民真理的历程中，他曾像这无边的黑夜，感到困惑迷茫；为了中华民族的解放，他也曾像这疾驰的火车尽情释放自己的力量；然而他迷失了方向，到处求索却找不到目标所在。而这次的北京之行，让他不再迷茫，不再困惑，因为他找到了前

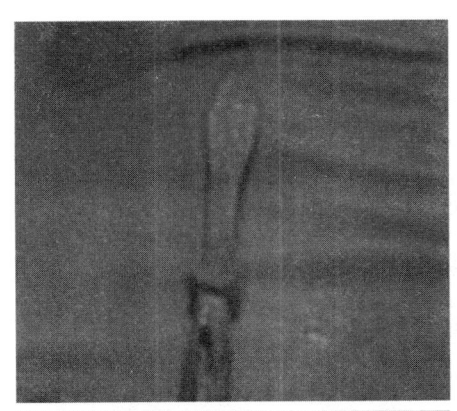

△ 在安塞县发现的谢子长用过的遗物——红缨枪枪头

进的方向，加入到中国共产党的行列，让他的内心充满了力量。革命的热情在他的心中熊熊燃烧，轰隆的车轮吹响了革命的号角。

这次回到陕北，谢子长接受了一项重要的任务：与中共绥德特别支部负责人李子洲、田伯荫取得联系，继续以县民团团总身份为掩护，积极开展革命活动，主要的工作就是抓枪杆子，千方百计建立共产党掌握的革命武装。

回到陕北后，谢子长立即同李子洲接上了关系。在认真分析了陕北的形势后，他们决定争取石谦，在石谦的部队中建立党的组织，以此发展和扩大革命力量。谢子长首先利用团总身份的有利条件，帮助县警佐、共产党员李象九招收一批进步学生和贫困农民，在陕北军阀井岳秀部石谦营里建立了学兵连，为在该部播撒革命种子打下了基础。后经多方策划和努力，安定县民团编入石谦部三营十二连，谢子长任连长。这是陕北历史上由共产党人带领的第一支武装力量，为以后的清涧起义埋下了重要伏线。由于谢子长与李象九的加盟，使得石谦部队顿时充满了生机与活力。该部也就成为陕北地区中共兵运工作的一个重点。后经李子洲、田伯荫、蔡南轩介绍，一大批共产党员陆续到李象九、谢子长连担任班、排长，对士兵进行思想教育和军事训练，石谦部也迅速由连扩大为一个团，士兵的精神面貌也发生了很大变化。谢子长和李象九不但经常向士兵们宣传革命道理，同时对士兵十分关怀，谢子长甚至不惜变卖家产用以改善连队士兵的生活，也因此深得士兵的爱戴。

革命的思想在石谦部队中迅速传播，士兵和下级军官中要求进步和请求入党的人越来越多。为适应形势发展的需要，谢子长、李象九等征得上级同意，在石谦团中秘密建立了中共特别支部，由李瑞阳担任书记，谢子长、李象九等任支部委员，同时发展了一批新党员。部队一改旧军队的旧习气，逐步建立起新的生活风气，革命活动也越来越活跃。

1927年1月，谢子长率部由宜川返回安定驻防。他利用国共合作的有利形势和地方驻军首领的权威，广泛开展民众的宣传和组织工作。他创造性地建议安定县知事张鸣盛召开地方行政会议，解决旧行政体制问题。在谢子长的积极建议和敦促下，安定县地方行政会议于 2 月 21 日至 23 日召开，谢子长被推选为大会主席。会议一致通过了《安定县地方行政会议组织大纲》及其《细则》和有关教育、财政、税务、驻军、差役、农协会、天足会（妇女会）等决议案，对改革教育、革新社会、兴利除弊的办法都做了明确规定。2 月 29 日，谢子长又主持召开了安定县市民大会，通过了《各团体宣言》，提出了"铲除军阀官僚"、"取消一切不平等条约"、"改善我们民众的生活"等口号。

谢子长还特别重视农民运动。在地方行政会议期间，他领导制订了《农民协会章程》，规定了农民协会的性质、任务、组织机构和权利，明确指出"本会以团结农民，互相维持，改善自己的生活为宗旨"，当时被称颂为"谢制农民运动协会章程"。这个章程在陕北各地是仅有的一份最完整的章程，原件现存中国历史博物馆。《农民协会章程》体现了谢子长兴利除弊的革新务实精神，对唤起民众和推动安定以及周围各县和陕北地区的农民革命运动起了很大作用。当时，在邻近的米脂西南区从事学生运动的马文瑞，就因受这个《章程》的启发，开始带领学生演讲团，下乡村动员组织农民协会，开启了当地的农民运动。

在谢子长诞辰一百周年之际，马文瑞深情地回忆起 1929 年春，中共陕北特委在绥德西川张家岔召开第一次全委扩大会时第一次见到的谢子长，衣着简朴、平易近人、讲起话来充满革命激情的谢子长，给马文瑞留下了深刻的印象，而谢子长领导的安定农民运动，更是给马文瑞带来了极大的启发。谢子长同农民心心相印、血肉相连的深情，在以后几十年的革命生涯中仍然时时激励着他。

 # 策划领导清涧起义

★ ★ ★ ★ ★

（30 岁）

正当陕北的革命运动进行得如火如荼之际，革命形势却风云突变。1927 年 4 月，蒋介石在上海发动了反革命武装政变，大肆逮捕和枪杀共产党人和革命群众。7 月中旬，冯玉祥追随蒋介石反共之后，陕西的革命形势急转直下，腥风血雨笼罩着陕西大地，革命者面临着巨大的考验。8月，井岳秀在陕北公开进行"清党"反共活动，中共组织和共青团组织大部分遭到破坏。各地农会、工会和学生会等进步团体被迫解散。此时，同情革命的石谦成了井岳秀的心腹大患，对石谦部内共产党的活动更是恨之入骨。井岳秀借石谦给自己祝寿的机会派人暗杀了石谦，过后井岳秀还假装搜查刺客，以掩人耳目。随后井岳秀又下令查封了陕北党、团组织活动的中心据点——省立绥德第四师范和省立延安第四中学，大批革命同志被捕入狱。为彻底消灭石谦部共产党的力量，他派亲信康子祥接任石谦旅长的职务，并命令李象九营到延安，说是要改编为"骑兵团"；命令谢子长连到宜川换防，实际上是阴谋策划要消灭共产党的武装力量。革命形势急转直下，让陕北的革命斗争充满了血腥与残酷。是坐以待毙，还是奋起而战？在这种严峻的形势下，党组织在八七会议上确定了实行土地革命和武装起义的方针，并派负责陕西省委军委工作的唐澍和白乐亭到陕北清涧县城指挥武装起义，建立自己独立的武装力量。

　　面对陕北严峻的革命斗争局势，谢子长、李

象九、唐澍、白乐亭等立即召开党的会议，分析形势，研究对策，并决定抓住石谦被杀，部队情绪激动的时机，打出"为石谦旅长报仇"的口号，策划石谦部的士兵起义。同时成立陕北军事委员会，由唐澍任书记，谢子长、李象九、白乐亭等任委员，统一领导和指挥起义。决定驻清涧的谢子长的第十二连、韩子丰的第十一连等四个连首先发动起义，然后会合延川县的另一个连南下宜川，与宜川其他三个连会师。一切准备工作就绪，起义的枪声就要打响了。

10月12日凌晨，一声清脆的枪响打破了清涧县城的宁静。这是中国共产党为建立自己的武装力量，在西北地区向反动派打响的第一枪，西北地区也第一次树起了武装革命的大旗，狠狠打击了反动军阀的猖狂气焰。

战斗一打响，部队立即按事先周密的部署，对全城实行戒严，对外联系的电话线被切断，伪县长和豪绅被关押，起义士兵查封了烟土店的仓库。14日，谢子长率十二连为先锋，奇袭延长，出其不意一举歼灭了驻军两个连并一个营部，处决了反动营长齐梅卿。19日，谢子长率部与驻宜川的共产党员李瑞成、王正娃里应外

△ 清涧起义指挥部旧址

合，攻占了宜川城。谢子长的起义队伍也发展成为拥有一千多人、长短枪一千多支、辎重弹药近三百驮的可观力量。作为清涧起义的主要领导人之一，谢子长在起义中发挥了一个党员的骨干作用。战斗中他英勇无畏，指挥镇定；行军途中，他纪律严明，爱护百姓。他常对士兵说：“我们做的是替人民谋利益、解除剥削压迫的大事，并不是为当土匪抢人做坏事。我们是共产党领导的队伍，就是老百姓的队伍。我们时刻不要忘记老百姓，不论走到哪里，都要爱护他们，要给他们办好事。谁要是乱抢老百姓的东西，就要受到严厉的处罚。"在谢子长的带领下，起义部队纪律严明，对老百姓秋毫无犯，谢子长的起义队伍也因此深得百姓的拥护，不少年轻的后生都争先恐后地加入到起义队伍中来，壮大了革命力量。

起义队伍的迅速壮大让井岳秀极为震惊，他急忙调集部队准备围歼。谢子长认真分析了起义形势，认为陕北地处偏僻，交通不便，敌人的围歼部队只能一个营一个营地运动，而我方应趁敌人力量还没有集中之前，聚集力量，各个歼灭。同时，提出整顿部队，任命思想政治上坚定可靠的共产党员为领导，高举革命的红旗，向敌人主动出击，消灭反动势力的嚣张气焰。但是谢子长的军事主张和李象九产生了严重的分歧，他的建议没有得到采纳。

在李象九的坚持下，起义部队仍打着十一旅的旗号，李象九自任旅长，谢子长、韩子丰、李瑞成分别任营长，孤守宜川城。而这时，井岳秀已调集两三千人的兵力包围了宜川城，起义部队的处境已十分危险。战斗打响后，李象九主张坚守，但是驻守护城山凤翅山阵地的雷进财连，却贪生怕死，擅自撤退，使起义部队多个阵地失守。

此时，李象九又仓促决定撤退。谢子长的一个营担任先头部队率先突围，经过奋勇冲杀，先头部队打开了一条撤退之路，但由于部队总体指挥失误，后续部队乱了阵营，损失惨重。谢子长上千人的队伍，最后只有三四百人冲出了重围，枪弹物质也所剩无几，起义部队被迫撤退到三四十里外的梢山休整，等待党的指示。12 月 30 日，起义部队在党的指示下进行了整训，重新组织了军委，起义部队也改编为西北工农革命军游击队，唐澍任总指挥，谢子长任副总指挥，并提出了"打倒贪官污吏和土豪劣绅"的口号，北上清涧、安定一带继续开展游击战争。在宜川、交口镇等地，工农革命军与井岳秀的重兵展开激烈战斗，但终因力量悬殊，寡不敌众，被迫向陕甘边界的山区撤退。此时已到了寒冬，部队缺衣少粮，损失惨重。为了保存革命力量，唐澍决定将剩余的部队分散隐蔽到群众中去，历时三个多月的清涧起义终告失败。

清涧起义虽然失败，但是在西北地区产生的影响却非比寻常。正是清涧起义向西北反动派打响的第一枪，使武装革命的红旗在西北的大地上第一次高高飘扬，它极大地鼓舞了西北人民的斗志，也为日后党的武装斗争和西北红军、陕甘根据地的创建积累了宝贵的经验，一大批干部在斗争中得到了锻炼与培养。从这个意义上说，清涧起义的影响是巨大的，意义是非凡的。而对于初次拿起枪杆子同敌人斗争的谢子长来说，更是一次严峻的考验，他坚定果敢、镇定自若的英雄气概和革命到底的精神极大地鼓舞了部队的士气，在他短暂的一生中写下了光辉的一页。

奔走陕甘宁

(1928—1930)

策划领导渭华起义

★ ★ ★ ★ ★

（31 岁）

对于一个一心为党的革命者来说，无论多么恶劣的斗争环境，革命的烈火是从来不会熄灭的。谢子长正是在这样严酷的斗争实践中，不断经受着常人难以忍受的考验和锻炼，逐渐成长为坚定的共产主义战士。清涧起义失败后，不少革命者，甚至是个别起义领导者思想都发生了动摇，对革命的前途和共产党的出路与命运，发出了"红旗到底能打多久"的疑问。在这样极其困难的情况下，谢子长始终坚定信念，跟随共产党的领导，宣传党的思想，因为革命的火种已深深扎根于他的心里。1928 年 5 月，谢子长又受党组织的委派南下参与领导了西北历史上著名的渭华起义。

国民革命军第二集团军第八方面军新编第三旅是我党领导的一支部队，三要力量由大革命时期的国民联军驻陕总司令部政治保卫队和中山军事学校学员组成，骨干成员都是共产党员，许权中任旅长。为了加强对这支队伍的领导，中共陕西省委先后派刘志丹、唐澍、谢子长等参加旅党委的领导工作。到洛南后，唐澍担任旅参谋长，谢子长任营特派员兼副营长。根据中共中央和中共陕西省委的指示，许权中旅积极准备在渭华地区举行武装起义。

△ 1928年5月，刘志丹、谢子长、唐澍领导渭华起义。这是起义时召开群众大会的场景。

渭华地区地处陕西东部，地理位置险要，它北跨渭水，南靠秦岭，东临潼关，西通长安，乃兵家必争之地。当马列主义在中国大地上迅速传播的时候，渭华地区成为陕西最早接受马列主义思想的地区，也是陕西建立党团组织、开展革命活动最早的地区。渭南和华县都先后成立了党组织，党员、党支部也从县城纵伸到农村，同时，渭华地区的学生运动和农民运动也搞得轰轰烈烈、如火如荼。1927年春，渭南、华县两县又先后成立了农民协会，农民有了自己的主心骨，县政府成了一副空架子，农民告状、打官司都找农民协会，虽然这时中国的整个革命形势处于低潮时期，但渭华地区的党团组织并没有受到大的破坏，在这样的有利条件下，陕西省委决定在渭华地区发动武装起义。1928年5月1号，渭南东原一千多农民群众在崇凝镇宣布起义，成立了西北地区第一个苏维埃政府——崇凝区苏维埃政府。西北历史上著名的渭华起义就此打响。

　　5月中旬，许权中旅在高塘镇正式宣布成立西北工农革命军，编为四个大队、一个赤卫队、一个骑兵分队，人数达一千多人。唐澍任总司令，刘志丹任军委主席，谢子长任军委和军党委委员，兼任第二大队队长。西北工农革命军打土豪、建政权、成立苏维埃政权，轰轰烈烈展开了农民革命运动。渭华起义打响后，谢子长率领第二大队三百多人在高塘镇一带开展游击活动，经常袭击敌人的交通线和据点，敌人为此惶恐不安，对当地欺压百姓的土豪劣绅谢子长更是绝不手软。一次，谢子长奉命率领队伍奔赴赤水镇，配合群众斗争。队伍还没到赤水镇，对谢子长的威名早有耳闻的当地豪绅李金戊就吓破了胆，他的民团更是望风而逃。路上，正碰上国民党政府的两个收税委员还在向老百姓逼要粮款，老百姓对他们早已恨之入骨，谢子长便命令士兵把这两个家伙拉到赤水河滩处决了。赤水镇商会会长赵登科平日里和民团勾结胡作非为，危害百姓，还经常散布谣言攻击共产党，谢子长将他一并处决。平时作威作福的土豪劣绅得到了应有的下场，老百姓别提多高兴了。有了主心骨，赤水镇很快掀起了打击土豪劣绅的斗争，没收了平时大肆盘剥农民的商号"三兴合"、"祝寿昌"的财产，将大部资产分给当地贫苦农民，其余没收用作军需。当地一些豪绅自知罪孽深重，纷纷闻风而逃，看到农民群众扬眉吐气，谢子长心里更是说不出的畅快。在党的领导下，崇凝、高塘周围五十多个村相继成立了苏维埃政权，农民分到了粮食、衣物，穷苦的百姓翻了身，渭华高原到处响彻着"打倒土豪劣绅！""全部政权归苏维埃！""武装暴动，夺取政权，进行土地革命！"的口号，革命的火种在渭南高原已成燎原之势。

渭华地区的革命之火让敌人感到惶恐不安，

很快便集中兵力反扑。6月8日的一个夜晚，我陕东赤卫队同国民党渭南县保安团在渭南县的塔山脚下发生激战。陕东赤卫队刚刚成立不久，一百多人凭借着七八十条枪同敌人展开激战。尽管战士们英勇顽强地战斗，但是由于弹药匮乏，敌我力量悬殊，处境十分危急。正在这紧要关头，谢子长带领一队人马冲了上来。谢子长抢着手枪冲在最前面，后面的战士紧随其后，杀声震天。敌人两面受敌，招架不住，只好仓皇溃逃。敌人的第一次进攻被打退了。6月10日，敌人又发起了第二次进攻。派出一个骑兵师袭击起义指挥部所在的高塘镇。当时，西北工农革命军第二大队在谢子长、高克林的率领下受命袭击华县县城，而留在高塘镇司令部的只有张汉泉带领的一个三十多人的赤卫队，力量比较空虚。由于革命军对敌情侦察不够，防范疏忽，致使敌军一直冲到司令部东北三里多远的骆驼渠时，才被哨兵发觉。张汉泉立即率领赤卫队迎战。总司令唐澍和参谋长王泰吉也亲自上阵指挥部队英勇还击。枪声一响，周围村镇的赤卫队立刻赶来参战。一些群众甚至手持大刀、长矛、土枪前来参战，一时间敌人被团团围住。一看局势不妙，敌骑兵夺路而逃。在瓜坡，仓皇溃逃的敌骑兵正碰上执行袭击华县县城任务后率领部队归来的谢子长和高克林，谢子长立刻率兵投入战斗。敌人误以为中了埋伏，惊慌失措，连弹药都顾不得了，狼狈不堪地逃回华县县城。这一仗我军大获全胜，歼敌近百人，缴获枪支弹药几十箱，极大地鼓舞了战士们的斗志。

6月19日，冯玉祥部调集孙连仲等三个师，在宋哲元的指挥下，兵分三路对渭华地区发动大规模进攻。谢子长率第二大队英勇阻击。面对数倍于我军炮火的敌人的猛烈进攻，谢子长毫无惧色，沉着应战，打退敌人的多次进攻。在敌人占领了高塘镇魏家原后，因兵力悬殊，革命军被迫转移到洛南县境内的两岔河山区。为保存实力，陕西军委决定撤进秦岭山区。总司令唐澍、军党委书记吴浩然、政治部主任廉益民等都在此次战斗中壮烈牺牲，达三个月之久的渭华起义也宣告失败。7月初，谢子长和刘志丹根据省委的指示离开部队，回到西安接受新的任务。

渭华起义是大革命失败后西北地区党组织发动和领导的农民运动与起义军队密切配合的一次最大规模的武装起义。它对国民党在陕西的反动势力给以沉重的打击，使中国共产党在人民群众心目中的影响不断扩大。起义军不但建立了各级地方红色革命政权，而且打土豪，分田地，让农民摆脱了土豪劣绅的欺压。起义虽然失败了，但是在西北革命史上的意义却是极其深远的，它表明中国共产党在西北地区领导武装斗争的基本方针是正确的。谢子长、刘志丹等大批革命骨干在起义中得到锻炼，为后来在陕甘边、陕北领导武装斗争、成功创建革命根据地提供了宝贵的经验。

 ## 不屈不挠开展兵运

★★★★★

（31—32 岁）

1928 年 8 月，时值盛夏，骄阳似火。在甘肃合水县境内的太白镇走来了一位商人模样的人。只见此人身穿长衫，头戴礼帽，正疾步行走在乡间小道上 。他就是谢子长。清涧起义和渭华起义失败后，革命陷入低潮，许多革命党人都转入了地下，继续和敌人进行着不屈不挠的斗争，谢子长也受到国民党的通缉。在党组织的安排下，他取道陇东秘密返回家乡，继续开展革命工作。合水县太白镇不大，只有二三十户人家居住。从这里往东出了山口不远，就到陕西富县的地界了。

这天，谢子长赶到太白镇时天已经快黑了，这里是陕甘两省交界地带，敌人盘查很严，谢子长决定在这里歇上一晚，明天再继续赶路。谢子长将手枪藏在镇边树林的一棵大树下，然后才走进了一家客店。本想在这里歇息一下，没想到却在这里遭遇了惊险一幕。

太白镇民团团总名叫黄玉麟，别看他顶着团总的头衔，实际上干的却是土匪的勾当。每天他带着几十个人盘查过往行人，榨了不少油水。就是晚上住店的人，店家也得向民团汇报。这天晚上，谢子长刚睡下不久，突然被一阵砸门声惊醒，还没弄明白是怎么回事，就被几个团丁拖到了民团团部。好家伙！团部里早已摆好了阵势，各种刑具一应俱全。谢子长镇定自若："老总！我一个清清白白的商人，犯了什么罪？凭什么把我抓来这里？""少废话！拿三百大洋来！要不然……要钱还是要命由你选！"谢子长据理力争："老总，我经商一向童叟无欺，既不短斤少两，又不欠税，在这店里住一晚就平白无故地被抓到这里，还要三百大洋，请问老总，这三百大洋是哪项开支？"平时耀武扬威、作威作福的民团团丁一时被问愣住了，不由分说就把谢子长捆起来吊在房梁上。把谢子长上上下下翻了个遍也没找出一块大洋来，不死心的团丁又脱去谢子长的外衣，这时一个团丁大喊一声："枪！"原来由于出汗，谢子长白衬衣上留下了盒子枪带的印迹。这下团丁们来了精神，以为捞到了一条大鱼，连黄玉麟也亲自起来审问谢子长。但是无论敌人怎么严刑拷打，谢子长一口咬定自己只是个商人，枪是从一个朋友那儿借来玩玩的，早还给人家了。

谢子长在太白镇被民团拷打的消息很快传到了百里外的保安县教育局局长刘约三那里。刘约三，1928年加入中国共产党并参加革命活动，虽然他和谢子长并没有组织关系，但是谢子长的大名他早已耳闻，对人称"谢青天"的谢子长他更是钦佩不已。如今听说谢子长遇险，刘约三心急如焚。他立即托人带信给太白镇烧锅掌柜李绪增。说起这李绪增，人称李算客，50多岁，在太白镇开个酒店为生。此人为人仗义，好打抱不平，和刘约三的父亲刘文玺是拜把子的兄弟，刘约三称其为干爸。接到刘约三的信后，对"谢青天"也是素来钦佩的李绪增立即赶到民团团部，用自己的酒店做担保，将奄奄一息的谢子长救了下来。

从昏迷中醒来的谢子长决定立即转移，李绪增便派人把谢子长送到保安县金顶山共产党员曹力如家中养伤，后谢子长又转移到刘约三家。经过几个月的悉心调养，谢子长伤愈，并返回家乡安定，继续开展地下斗争。

1929年2月，中共陕北特委在绥德张家岔召开扩大会议，会议传达了中共"六大"和省委第四次扩大会议精神，做出积极开展兵运工作的决定。会议推举谢子长任中央陕北特委军委书记。同年夏天，省委派谢子长等一批共产党员打入西北国民党地方部队从事兵运工作。

土匪出身的苏雨生原是冯玉祥部下的一个军长，后流窜包头绥远一带。苏雨生打算在陕甘宁边界寻找一块立足之地，以扩充自己的势力。1929 年春，他趁机闯进宁夏平罗县城，大张旗鼓地招兵买马。此时，谢子长正奉命开展兵运工作。在苏雨生部九旅旅长石子俊的推荐下，谢子长来到平罗县担任苏雨生的名誉副旅长，以便开展兵运工作。谢子长也借机向苏雨生讲述革命

◁ 陕西省子长县为谢子长将军修建的纪念碑亭

发展的态势，并揭露蒋介石反动派的丑恶嘴脸。中共陕北特委在得到谢子长的汇报后，动员陕北的党团员和革命青年到谢子长所在的旅去当兵，许多青年学生早已久闻谢子长大名，纷纷慕名前往，谢子长很快在平罗县组建了三个连。不久，谢子长又把陕北来的党员和青年学生组成一个学兵队，建立了党的支部，同时对他们进行军事训练和革命思想教育，为党组织积蓄了革命力量。同时，又派共产党员刘文从、侯风孝到陕北宜川、延长交界的后九殿去争取杨庚武的部队。杨庚武大革命时期是共产党员，大革命失败后与党组织脱离关系，此时杨庚武在后九殿又拉起了四五百人的队伍，手中有二三百条枪。早在杨庚武上后九殿之前，就曾向党组织要求派中共党员参加工作。陕北特委也先后派出党员去杨庚武部工作。然而正当兵运工作顺利开展时，苏雨生部却受到小军阀的攻击溃败，苏雨生部接受杨虎城的改编，学兵队开到靖远驻防，至此，兵运失败。

这一时期陕甘边和陕北的兵运工作虽然都失败了，但是谢子长却在这些斗争中不断积累经验，并迅速走向成熟。他组建起来的学兵队队员，不但军事能力得到锻炼，同时政治思想上也得到提高，这批队员大多成为意志坚定、思想成熟的共产党员，同时也成为我党以后兵暴工作的基础力量。

1930年，李立三主持工作的党中央对革命形势做了错误的估计，认为只要武装暴动，就可以建立全国性的革命政权。并成立了中央总行动委员会，要求各级领导机关都合并为各级行动委员会，在全国范围内实行暴动。至此，"立三路线"、"左"倾冒险错误在中共中央占了统治地位。8月，中共陕北特委召开扩大会议，研究如何在陕北开展武装斗争。这次会议正值李立三"左"倾错误时期，要求实行城市暴动的冒险计划。谢子长和刘志丹虽然没有参加此次会议，但会后谢子长被任命为军事指挥部的总指挥，刘志丹为副总指挥。多年的武装斗争让谢子长始终保持清醒的头脑，面对"立三路线"提出的"会师武汉"、"饮马长江"、"要勇敢，勇敢，再勇敢地前进"的指示，谢子长心中充满了疑惑。他和刘志丹结合陕北的实际情况，结合清涧起义和渭华起义失败的教训，认为在当前的形势下不宜进行武装暴动。正当谢子长对"立三路线"疑惑不解的时候，中共及时派人来陕北纠正"立三路线"的"左"倾错误，使"立三路线"在陕北还没有贯彻就被消灭在萌芽中了。这年的冬天，谢子长在中共北方局的指示下赴天津参加清算"立三路线""左"倾错误的斗争，在发言中，谢子长结合清涧起义和渭华起义失败的教训，告诫党员们，革命不能靠头脑一时发热，光有勇敢不行，必须对革命形势进行深入的分析，结合具体情况制订方针路线。特别在听了瞿秋白、周恩来对革命形势的分析后，谢子长更觉得眼前一亮，他们提出的建立和发展农村根据地的革命方向使谢子长豁然开朗。他清楚地认识到，中国革命必须走武装斗争的道路，必须建立起自己的武装力量和根据地。他的革命热情高涨，眼中透着果敢、刚毅、英勇，这次清算"立三路线"的斗争让他坚定了革命的信念，明确了革命的方向。回到西安后，他更加坚定信心，要为党、为革命奉献自己的满腔热血。

创建西北工农红军

(1931-1932)

陕甘边照金革命根据地纪念馆

→ 提出建立革命武装和根据地建议

（34岁）

继清涧起义、渭华起义之后，在两年半的时间里，谢子长、刘志丹在党的领导下，为在西北地区建立一支由中国共产党直接领导和指挥的革命武装，费尽了心血。几年来的兵运工作，使谢子长认识到：要想取得革命的胜利，必须要建立一支由中国共产党领导的独立的革命武装力量。然而开展武装斗争又是多么的艰难！虽然谢子长的革命历程中经历了太多的失败，但正是在这些失败与斗争中，他的革命意志更加坚定和成熟起来。也正因为有了如此艰苦卓绝的斗争，才孕育了西北地区早期的革命武装力量。

1931 年 10 月，阎红彦、杨重远带领的中国工农红军晋西游击队，和由杨琪、师储杰带领的陕北支队，转战到甘肃陇东和陕北交界的南梁一带，与刘志丹在林锦庙会合。此时，根据陕西省委的指示，谢子长在甘肃平凉一带继续从事兵运工作。听说晋西游击队已到南梁和刘志丹会合，谢子长兴奋异常，恨不得立刻回到南梁。10月30日，谢子长从平凉回到游击队的驻地南梁，和老战友刘志丹团聚。两位曾共同出生入死的战友团聚，别提多兴奋了。他们躺在南梁窑洞的热炕上，仿佛有说不完的话。谈起几年来的斗争经验，谢子长和刘志丹共同认识到建立自己的革命武装和革命根据地的重要性。他们共同分析了南梁的形势和武装力量，决心在晋西游击队伍中加强党的工作，加强政治思想教育，把南梁建设成井冈山那样的革命根据地。他们首先召开了党团会议，成立了游击队的党委会作为党的领导机构，谢子长任书记。根据多年来的革命斗争经验，谢子长提出，以南梁地区为根据地，以晋西游击队为基础，扩编为工农红军陕甘游击队，建立党领导的独立革命武装，高举红旗，开展游击战争。并强调红军在陕甘边山区建立根据地的六点理由：

1. 陕北和陕甘边党的基础和群众条件很好，这为红军的存在和发展提供了有利条件。

2. 南梁地处陕甘两省交界，地域广阔，山大林深，便于迂回。同时，边界地区是敌人的统治薄弱区，军阀之间的矛盾也可以为我军所利用。

3. 毛泽东、朱德开辟的井冈山革命根据地为我们提供了宝贵的经验，指明了方向。

4. 以晋西游击队为骨干的革命武装力量，为陕甘游击队的建立，提供了基础和保证。

5. 晋西游击队经过艰苦卓绝的斗争，能保存下来并得到发展，充分说明红军生命力的顽强。

6. 1929年以来，我们有过几次利用国民党军阀的经历，每次都得到血的教训。实践证明，敌人只是在一定限度下允许我们存在，一旦超过这个限度，就要缴我们的枪。因此，以红军晋西游击队为基础，建立中国工农红军陕甘游击队不仅是必要的，而且是可能的。

谢子长的建议得到广泛的支持。但是在哪里建立根据地的问题上，谢子长和陕西省委意见没有得到统一。陕西省委认为"山沟里没有马列主义"，要求把部队拉到陕西三原县一带或韩城县一带的平原地区建立根据地，理由是这些地区有党的基础，群众条件好。然而却忽略了一个重要的问题：即这些地方离敌人统治的中心城市太近，部队根本无法立足。陕西省委派交通员高岗传达了省委的意见，谢子长和刘志丹只好执行党的纪律，离开了南梁这块理想的根据地。

 ## 成立中国工农红军陕甘游击队

★★★★★

（34-35岁）

1931年12月，谢子长率部离开南梁，移防到庆阳县东北的新堡休整。此时，中央红军胜利地粉碎了国民党反动派的三次"围剿"，进一步巩固和扩大了中央革命根据地，并成立了中央工农民主政府。井冈山的胜利犹如一盏明灯，给谢子长带来了极大的欢欣与鼓舞，照亮了前进的方向，给了他前进的动力。虽然已是隆冬时节，但谢子长仍然和战士们摸爬滚打，苦练杀敌本领。同时，针对部队成分复杂的情况，谢子长也及时加强了部队的思想教育工作。制订了严格的纪律，要求战士们执行。当时，部队进行了一个时期的初步整顿。部队编为三个大队，刘志丹、阎红彦、师储杰分别带一个大队。每个大队下面有三四个分队，相当于一个小团的建制，实际上不足一个营的兵力。刘志丹带领的大队有一个大队长叫赵连璧，小名叫二娃，腊月的一天，部队接到省委指示，要离开南梁，经子午岭，向甘肃正宁三甲塬一带转移。路过任家堡子时，遇到了反动土豪的抵抗，土豪有十多条枪，加上堡子里的老百姓在土豪的蒙骗下，也扔出砖头石块打战士们。命令还没下，部队已经一窝蜂似的攻了上去，拿下堡子，结果打、砸、抢了个一塌糊涂。堡子里的男人被打死打伤不少，女人被强奸，大姑娘吓得用烟煤灰把脸抹得黑黑的。赵二娃甚至带人抢老百姓的牲口财物，强奸妇女，老百姓纷纷跑来告状。谢子长了解情况后气愤不已。他当即召集积极分子开会，严肃地说："这哪里像共产党的部队，这个部队纪律这样差，这样下去的话，脱离群众，要不了几天就会失败。"会上他还特意点了赵二娃的名。

会后谢子长下决心整顿部队。部队集合后，按预先布置，二大队站在队伍的前头，白锡林、阎红彦就站在赵二娃的身边。谢子长、刘志丹都背着枪，站在一个高土台子上。谢子长首先讲话，他说："我们是共产党领导的部队，是人民的子弟兵，我们是为穷苦人民打天下的。要革命，就不能不要纪律！"说着，谢子长果断地发出命令："现在，下赵二娃的枪！"赵二娃刚要反抗，就被站在他身边的白锡林一枪打倒。其他人听说缴械，丢下一二十条枪都吓跑了。任家堡子事件给了部队很大的教育。

经过整顿部队纪律更加严明，战士情绪十分稳定。

1932 年 1 月，根据陕西省委的指示，部队改编为西北抗日反帝同盟军，谢子长担任总指挥，刘志丹任副总指挥。2 月初，部队再次整编，正式成立了中国工农红军陕甘游击队。2 月 12 日，中国工农红军陕甘游击队成立庆祝大会在三甲塬锦章村的一个打麦场上隆重举行。一棵柳树下搭起了临时的台子，"中国工农红军陕甘游击队授旗典礼大会"的会标迎风飘扬，近千人的队伍整齐地排列在旷地里，放眼望去，到处红旗招展，刺刀、红缨枪闪闪发亮，战士们的脖子上都系着红色的"牺牲带"，以示为革命牺牲一切的决心。就连战马的头上也挽着红带子，洪亮高昂的战歌响彻云霄，展示着威武之师的雄壮。十里八村的百姓像过年一样，有的抬着猪羊，有的吹着唢呐，从四面八方赶来庆贺。

在成立大会上，中共陕西省委军委书记李杰夫宣布中国工农红军陕甘游击队组成建制和指挥部、大队军政领导的任命：总指挥谢子长，政委李杰夫，参谋长杨重远。游击队下辖两个步兵大队、一个骑兵大队和警卫队。当旬邑县代表伍伯昌代表地方党和群众把一面缀有五星、镰刀、斧头和"中国工农红军陕甘游击队"字样的大旗授给谢子长时，只见谢子长举起红旗，当空一展，此时群情激昂，台下爆发出热烈的欢呼声和掌声。谢子长瘦削的身体在红旗的映衬下显得威武坚强。望着这面在陕甘高原上第一次飘扬起来的革命红旗，望着这无数人们用鲜血换来的红旗，每个人都激动得热泪盈眶。

正如陕西省委代表李杰夫在陕甘游击队成立大会上所说："陕甘游击队的建立，要为陕西、甘肃烧起燎原之火，要执行中央的一切决议，创建陕甘苏区。要执行游击战争的纲领：逮捕豪绅地主，把粮食分给劳动群众，没收地主富农的土地，分配给农民。消灭国民党的反动武装，摧毁国民党的政权，建立苏维埃……"这些话在谢子长耳边回响，他心潮澎湃，难以平静，回想多年的战斗生涯，为了实现自己的理想，为了天下的百姓能过上安稳的日子，他经历了多少失败与挫折，更有多少与他同生共死的战友付出了生命的代价。如今他向往已久的革命红旗终于在陕甘地区高高飘扬，又怎能不叫他激动呢？穷苦老百姓翻了身，有了粮食和土地，谢子长觉得心里更亮堂了，他坚定了信念，要为党的事业奋斗终生。

阳坡头大捷

　　陕甘游击队成立了，当地的老百姓更是笑逐颜开，奔走相告：出头的日子终于来到了！而在三甲塬老百姓也经常见到总指挥"老谢"，这位老百姓心目中的大官和蔼可亲，没有一点官架子，他的口袋里总是装着炒豆子，一边吃豆子，一边和百姓拉家常。职田镇有一个姓董的土豪，平日里欺压百姓，鱼肉乡里，百姓对他恨之入骨。在陕甘游击队成立的当天，职田镇的几十个农民就找到谢子长，向他控诉土豪的罪行，谢子长了解情况后立即召集队委开会，决定立即投入战斗——攻占职田镇。职田镇距离三甲塬二十公里左右，是附近比较大的一个集镇，驻有敌区公所和数十人的民团。2 月 13 日晚上，趁着夜色，

谢子长率领游击队悄悄摸进了职田镇。此时所长和民团团总还在蒙头大睡，稀里糊涂就成了游击队的俘虏。接着谢子长召开群众大会，宣布解散职田镇的区公所和民团，并当众烧毁了区公所的账簿和地主豪绅的契约，逮捕了罪大恶极的土豪劣绅。会后，战士们押着豪绅游街示众，同时组织了农民协会，领导群众开仓分粮、分财物。职田镇的老百姓欢欣鼓舞，欣喜异常，不少年轻小伙子甚至当场就要求参加红军。

中国工农红军陕甘游击队占领职田镇的消息，使西北军阀恐慌不安，平日里作威作福的地主、土豪更是闻风丧胆。国民党陕西当局立即调动驻在旬邑县的警卫团三营和附近的彬县、旬邑、长武三县的民团约千余人向职田镇扑来，妄图一举消灭陕甘红军游击队。

这边敌人的作战部署刚刚确定，谢子长就通过敌警卫团内我党的地下党员李明轩得到了情报。谢子长当即指挥游击队撤至职田镇以东10公里的阳坡头抢占有利地形，等待时机歼灭敌人。15日拂晓，敌警卫团三营营长带领千余人的先头部队将职田镇团团围住，没想到却连个红军的影子也没见到，气急败坏的敌人立刻向阳坡头方向追去。敌人刚一进入阳坡头村边，就听到枪声大作，原来谢子长早就率领两个步兵大队埋伏在这里，趁着敌人疲惫不堪之时，战士们呐喊着冲了上来，敌人仗着人多武器好，负隅顽抗，双方展开了激烈的交火。此时谢子长事先派往敌人后方实行迂回侧击的两个冲锋枪班，也在阎红彦的率领下向敌人的侧后方发动猛烈攻击。敌人阵脚大乱，争相逃命，溃不成军。谢子长当机立断，指挥游击队趁势追击，一直追到职田镇，取得了战斗的胜利。阳坡头一战红军首战告捷，大获全胜，共毙敌一百六十余名，俘敌四百余名，缴枪四百余支，这也是红军陕甘游击队成立后打的第一个漂亮仗，对敌人的嚣张气焰予以狠狠的打击，同时也极大地鼓舞了红军指战员的斗志，扩大了红军的影响。战后，谢子长亲自向俘虏宣传红军政策，对愿意参加红军的数十人，开了欢迎会，其余的教育后发路费回家。对伤员进行了包扎救护，将敌人的尸首也用牛车拉着送往彬县县城。当初国民党反动派对红军是百般诬蔑，说红军是"绿眼睛，共产，共妻，吃人肉，喝人血"。不明真相的老百姓曾对红军心生畏惧。而此次谢子长以仁义之举彻底揭穿了敌人"红军杀害俘虏"的欺骗宣传。阳坡头战斗后，红军游击队声名大振，都说红军是"仁义之师"，一些受伤的敌兵更是痛哭流涕地说："连长说我们被红军捉住就不得活，早知这样，我们早就交枪了。"

⊙→ 坚持走建立革命根据地的道路

★★★★☆

（35岁）

阳坡头战斗后，红军根据陕西省委的指示南下关中，向淳化、三原方向发展。2月19日晚，游击队南下清水原，准备发动群众打土豪。这时，敌警卫团、特务团由淳化向旬邑集结，准备再度"进剿"。谢子长避敌锋芒，带领部队转移至耀县照金山区。这一天是元宵节，趁照金镇民团狂饮大醉之时，出其不意，将民团三十多人全部歼灭，缴枪三十余支。考虑到部队连续作战，人困马乏，谢子长决定部队退据耀县香山寺休整。

香山寺是陕西有名的娘娘庙之一，位于群山之中，庙宇从沟底一直修到山顶，地势险要。寺里住着二百多个尼姑、和尚。他们拥有大量的土

△ 陕甘边照金革命根据地是二十世纪初刘志丹、谢子长、习仲勋等老一辈无产阶级革命家在西北地区创立的第一个山区革命根据地。

地、牲畜，囤积大批粮食、金银财物。在香山寺休整期间，谢子长主持召开了队委扩大会议，提出了自己关于建立根据地的一些想法。

根据长期的游击斗争和发动群众的经验，谢子长深深感到建立革命根据地的重要性。而毛泽东在井冈山成功建立根据地的经验一直鼓舞着谢子长。但是陕甘红军在哪里建立根据地，陕西省委和游击队却一直没有一个共同的意见。在队委扩大会议上，谢子长总结了一段时期以来的作战和发动群众工作的情况，和大家共同讨论省委关于红军陕甘游击队要向三原、富平一带平原地区发展、建立根据地的指示，他结合自己多年斗争的经验和一些实际情况，提出了自己的想法。

谢子长明确提出：中央红军开辟的井冈山根据地的道路说明，革命必须要建立根据地，但根据地不能建立在敌人统治的中心地区，只能建立在敌人统治力量最薄弱的山区。谢子长根据渭华起义的经验，指出起义时渭华平原革命形势确实很好，我们不但有军事武装，而且大大发动了农民群众的斗争积极性，党的力量也比现在要强得多，但仍然没有经得住敌人的重兵围剿。现在省委指示要向三原、富平一带平原地区发展，建立根据地，这些地方虽然革命形势很好，也有较强的群众基础，但是由于地处平原，交通便利，敌人兵力相对集中，这种情况是不利于开展游击战争的。现在陕北游击队还没有完全站稳脚跟，这时向平原地区发展，就好比拿鸡蛋碰石头，红军会吃大亏的。

△ 谢子长 △ 刘志丹

谢子长的意见得到了刘志丹的赞同。

谢子长比刘志丹大五岁,这两位同生死、共患难的战友,在长期的斗争中结下了深深的友谊。对有学识、有才干的谢子长,刘志丹更是像老大哥般尊重他。共同的理想,共同的经历,使他们之间相互信任,情同手足。关于建立革命根据地的问题,也是他们多次讨论过的问题。刘志丹也深深认识到,陕西省委指示游击队向平原地区发展固然有他们的想法——对西安的敌人形成威胁之势,加速革命进程。然而这个"想"出来的决定,却难以实行。如果根据地建立在敌人统治的中心区域，确实会对敌人造成威胁，但也会促使敌人下大"赌注"，更疯狂地去围剿红军。而平原地区又不适宜开展游击战争，红军在平原地区立足都谈不上，更不要说建立根据地了。但是当时执行王明"左"倾路线的陕西省委却坚持游击队要向平原发展。在会上，大家对建立根据地的问题讨论来讨论去，无法达成共识。最后形成了一个折中的意见，决定游击队先向敌人统治力量比较薄弱的铜川、宜君一带的山区进行游击作战，然后在正宁、旬邑一带陕甘交界的子午岭山区建立根据地。

 ## 建立地方革命政权

★★★★★

（35 岁）

游击队在香山寺进行短期休整后，2 月下旬，北上宜君地区，在五天之内，出其不意先后消灭了瑶曲镇民团及驻焦家坪的敌第二五六旅五一一团的一个连、一个营，又击溃了富平、铜川、耀县三县民团的两次进攻，共歼敌二百余人，缴枪一百余支。之后，游击队又西跨桥山，进入中部上畛子地区，决定趁陕军十七师与甘军暂编十三师于陇东混战之机，出击陇东，袭取山河镇。

山河镇是甘肃正宁县政府所在地，城内驻暂编十三师百余人。1932 年 3 月 19 日夜晚，谢子长率领游击队由上畛子一带出发奔袭山河镇。途中因天黑林密走错了路，误了夜袭之机，原计划的夜袭只好变成了白天攻坚，结果首战失利，游击队伤亡较大，撤出战斗。20 日，谢子长率部进驻山河镇以南的寺村塬、湫头塬，发动群众，积极开展地方工作。游击队进驻寺村塬后，积极发动群众，打土豪，分田地，向老百姓宣传共产党的政策，宣传红军是为穷人谋解放的队伍。在很短的时间内，将各村自发组织的农民武装改编为赤卫军，并成立了总指挥部，统一指挥军民作战。4 月上旬，谢子长领导召开了有五六百人参加的农民代表大会，在寺村塬宣布成立陕甘边区革命委员会，选举长工出身的贫苦农民张进元为主席，在成立大会上，这个受地主豪绅欺压的穷苦人高喊着口号："我们穷人要翻身，就要起来闹革命！""打倒土豪劣绅！坚决走革命道路！"张进元后来参加了正宁县游击队，在他的影响下，他家兄弟五人都参加了革命。寺村塬革命委员会的成立，是陕甘边区建立地方革命政权的一次有益尝试，它开创了西北地区红色政权建设的先河，具有重要的历史作用。

　　谢子长住在新庄子村，他组织群众积极开展打土豪、分财产的斗争，没收了西城村大地主刘西昆和于家庄民愤极大的豪绅赵元亨的土地、粮食、牛羊，把这些财物分给了穷苦的百姓。当地百姓用地方小调表达自己的喜悦心情和对红军的敬意：

　　　　中华民国二十年，

　　　　红军起首三甲塬。

　　　　谢浩如（谢子长当时用名），刘志丹，

　　　　领导穷人把身翻。

　　　　东靠黄河西靠山，

锦章、细嘴子扎营盘。

枪声一响震四方，

好像猛虎追恶狼。

反动走狗民团跑，

土豪劣绅跑不了。

打土豪，分田产，

打开仓，把粮散。

车子推，口袋掂，

家家户户吃白面。

常开会，来宣传，

你拿斧头我拿镰。

都是红军来得好，

世道翻了个底朝天。

　　1932 年 4 月 1 日，红军游击队在当地赤卫军和千余农民群
众的配合下，再次袭击山河镇。当时驻山河镇的有敌谢牛团的
两个骑兵连和正宁县保安队共数百人，谢子长事先将部队隐蔽
在山河镇城东的西坡，派少部分人马到山河镇城下去引诱敌人。
敌人果然上当，在西坡遭到伏击，狡猾的敌人立刻退回城内固
守，游击队连续进攻两日未攻克城门。三天后，驻西峰镇陈国
璋部一个骑兵营前来增援山河镇之敌，谢子长命令部队在敌人
必经之路设置埋伏，巧妙地采用"围城打援"的战术，指挥游
击队集中力量打击敌人援兵，歼敌二百多人，缴获几十匹战马

和不少的枪支弹药。山河镇的敌人仍负隅顽抗，当时因红军缺少攻坚武器，且山河镇城墙坚固，易守难攻，游击队放弃攻城，撤回寺村塬。4月中旬，旬邑县中共地下组织和游击队报告，旬邑城内只有敌警卫团两个连及民团一部驻防，警戒疏忽，防守不严。谢子长当机立断，奔袭旬邑县城。当晚，谢子长亲自率领游击队从寺村塬出发，急行军五十多公里，星夜兼程，次日拂晓前抵达旬邑城下，立即发起攻击。谢子长带着突击班扛着云梯冲在了最前面，在冲锋班的掩护下，谢子长带着几个战士插到东城下，搭起云梯，开始攻城。等守城的敌人发现时，红军已经冲进城墙，占领了城楼。城外的部队一拥而入，一举歼灭守敌两个连约三百余人，缴枪近四百支，缴获弹药万余发，击毙敌县长和警察局长。

旬邑县一战，是红军陕甘游击队第一次夺取敌人县城，红军声威大震，在西北产生很大的影响。消灭了欺压百姓的反动派，老百姓欢欣鼓舞，对红军队伍更是信任有加，红军队伍也迅速扩大到近千人。红军队伍的迅速壮大，也让西北的敌军闻风丧胆。

蒙冤受屈，离开游击队

　　旬邑县一战，让红军指战员们沉浸在欢庆胜利的喜悦之中，然而正当谢子长率领部队节节取胜的时候，1932 年 4 月下旬，党内顽固执行王明"左"倾错误的中共陕西省委书记杜衡来到陕甘游击队巡视工作，他的到来给陕甘游击队带来了危机，也使谢子长遭受了不白之冤，被强迫离开了游击队。

　　杜衡原叫杜振廷，1927 年曾到谢子长所在的连队搞过宣传。这次来到部队，杜衡摆出了一副领导者的派头，不但说话盛气凌人，而且在红军发展的指导思想上也是空话连篇，脱离实际。其实，在游击队的发展趋向和根据地的建立上，谢子长和陕西省委确实有不同的意见，但是谢子长的作战方针和指导思想始终是一心为党，一心造福百姓，怀着对党对革命的忠诚和一腔热血，他多年来浴血奋战，从不计较个人得失。长期的革命斗争经历和经验，使谢子长觉得有满肚子的话要向党倾诉，这次杜衡来到部队，谢子长本想和他交流思想，谈谈感受。但是杜衡根本不想听，他首先给部队作了一次报告，在这次报告会上，杜衡大讲特讲了一通国际国内的革命形势，空话连篇，完全是王明所鼓吹的那一套。然而杜衡的目的并不是发表长篇大论，空谈过后，他把矛头直接指向了红军游击队，指出红军游击队犯了对客观形势估计不足的右倾机会主义路线，在游击战争纲领上执行了与省委所指示的完全不同的另外一条右倾机会主义战线。甚至给游击队罗列了一大堆莫须有的指责：

1. 在旬邑执行游击战争的纲领上，仅是逮捕豪绅，分配粮食，对于游击战争中的许多重要任务是根本没有执行的。

2. 游击战争中的根本任务即土地革命根本忘掉了，不能马上没收执行，分配土地问题不解决，使农民群众绝对不能热烈拥护，只是同情希望而已。

3. 分配粮食是无组织的分赃，逮捕豪绅是单纯的军事形式。

4. 与白军作战不利用军事地形上的优势，在政治上不去鼓励士兵群众走到游击队方面来，而只是用极大的火力射击士兵弟兄，这样"红军不打士兵兄弟"的口号是根本谈不到了，使敌人很容易利用我们政治上的弱点，在士兵群众中向我们进攻。

5. 对白军的军官采取右倾机会主义的办法，如俘虏了敌连长，就马上释放了。

6. 红军游击队没有强攻山河镇是最可耻的，采取了右倾机会主义的退让不进攻的战略，是党不可饶恕的罪恶。

杜衡的话一出口，指战员们立刻议论纷纷，心中充满了疑惑：游击队明明是按照陕西省委的指示往三原、富平方向开进，部队整天忙于打仗，却说没执行土地革命；打仗不开枪，空喊"红军不打士兵兄弟"的口号，能挡住敌人吗……杜衡没有理会战士们的议论，接着又给游击队布置了十五条具体的指示，如要求游击队坚决执行省委的指示，毫不迟疑地向三原、富平、耀县以至西路游击；游击队要立刻执行土地革命的任务，在游击区域内马上没收豪绅地主的土地，平均分给农民；游击队要马上开始创建新苏区的计划等等。杜衡又特别强调指出游击队中目前最严重的敌人就是右倾机会主义，必须集中火力去反对。听着这些莫须有的罪名和不切实际的指示，谢子长心里明白，杜衡这次来要拿自己出气了。果然，杜衡紧接着就召开了队委扩大会议和党员大会，在党内的会议上，他把矛头直接指向了谢子长，以山河镇两次未攻克为理由，对谢子长横加指责，说谢子长不在平原建立根据地而转战山区是"拒不执行省委的指示"，是梢山主义；谢子长没有率领红军强攻山河镇是"逃跑路线"，给谢子长扣上了右倾机会主义的大帽子，错误地对谢子长进行了批斗，撤销了谢子长的总指挥职务。慑于谢子长在红军中的威望，杜衡没有在部队中公开宣布这一决定，而是强令谢子长离开部队，去甘肃警备第三旅王子元部搞兵运。

被撤去总指挥的职务后，谢子长心里感觉既委屈又担心。委屈的是自己一心为党，一心为革命，只不过是根据实际战斗经验制定相应的战略方针和措施，没想到却被扣上右倾机会主义的帽子；然而这些委屈谢子长都可以咽到肚里，他最担心的还是辛辛苦苦建立起的这支红军游击队的武装，他真担心再这样搞下去，这支队伍也要很快被断送掉。谢子长觉得有满腹的话要向党诉说，然而他来不及诉说，甚至来不及闹情绪，为了顾全大局，他坚决服从党的组织纪律，踏上了去往甘肃王子元部的征程。

想到要与朝夕相处、患难与共的战士们分别，谢子长心如刀绞。怕影响战士们的情绪，谢子长强压住内心的悲痛。临行那天，谢子长天不亮就悄悄动身了，可是那些情同手足的老战友们早已等候在路边，同志们依依不舍地送了一程又一程，直送到公路边，看着谢子长穿上大褂、戴上帽子，大家才洒泪挥别。谢子长忍辱负重，又坚定地踏上了革命的征程。

领导靖远起义

★★★★☆

（35—36 岁）

革命者的坚定体现在对敌斗争的百折不挠，在蒙受不白之冤的情况下，谢子长以大局为重，服从组织安排，同焦维炽同志一起赴甘肃定西北部的靖远县搞兵运。谢子长也正是在这严酷的斗争实践中，经受着常人难以忍受的考验和锻炼，逐渐成长为坚定的共产主义战士。

靖远是中国共产党在甘肃省开展地下工作较早的地区之一。早在 1929 年冬，谢子长到宁夏骑兵第四师苏雨生部搞兵运时，就将一批共产党员和革命青年打入谷莲舫的第八旅和石英秀的第九旅，并在这支部队中建立了党的地下组织。1930 年国民党骑四师十五团王子元部驻防靖远县城，中共地下党特别支部负责人张东皎、高岗等随部队进驻靖远，开始有组织地开展党的秘密活动。这时在王子元部我党的力量已经得到发展和壮大，不但成立了三个秘密支部，而且党员已发展到近百名，其中连以上军官党员就占三成以上，一些重要的职务也由中共党员担任。靖远敷文小学教员王儒林、张国威等进步青年也参加了部队，秘密加入中国共产党，成为靖远地下党工作的骨干力量。

　　1932年4月下旬，谢子长化名冬阳秘密来到时任副旅长的张东皎的住处。两位老战友相见，张东皎又惊又喜，他紧紧握住谢子长的手，两人在一起交谈了王子元部的情况。根据陕西省委的指示，谢子长和张东皎研究决定扩大兵源，组织兵变。由于部队中很多人认识谢子长，怕暴露身份的谢子长只好隐蔽活动，和他同去的焦维炽化名赵仪三出面公开活动，为发动兵变做准备工作。谢子长当时住在地下交通员李发荣家，他多次召集地下党负责同志开会研究兵变事宜，经过讨论，最后决定在王子元旅发动起义，然后带领起义部队东进和陕甘游击队会合。为了让大家了解此次武装起义的重要性，谢子长在会议上多次进行思想工作，指出这次武装起义一方面可以在甘肃政治和军事上造成极大的影响，另一方面也是为了配合红军陕甘游击队开展游击斗争，是扩大、建立红军根据地的一个有力步骤，意义十分重大。在谢子长耐心细致的讲解下，部队士兵的思想情绪比较稳定，对起义也有了充分的认识，谢子长和同志们又详细就起义的各个步骤进行了策划和部署，一切准备就绪，只等起义的枪声打响了。

　　然而就在起义紧张筹划之中，王子元不知从哪里听到了风声，说谢子长和他的旅长、副旅长秘密开会交谈，他当即将张东皎、王儒林扣押，并缴了王儒林营和执法队的械。时任一连排长的共产党员张秀山得知这一情况，立即向谢子长和焦维炽汇报，谢子长马上召集党员干部开会研究对策，最后决定起义提前举行，天黑以后立即行

△ 陕西省委旧址

动。

　　1932年5月6日晚，起义开始。在这次行动中，时任一团一营营长的共产党员吕振华、一连排长张秀山率队伍在打拉池竖起起义大旗，国民党驻防靖远县城的警备第三旅二百余人在地下党的带领下起义。因起义部队临时改变行军路线，谢子长、焦维炽和起义部队暂时失去了联系，但起义部队仍按计划成立了中国工农红军陕甘游击队第四支队，任命谢子长为总指挥，焦维炽为政委，总指挥由吕振华暂时代理。至此，由地下党组织领导的靖远起义在甘肃大地上打响了第一枪，甘肃大地上也点燃了一把耀眼的革命火炬。

　　王子元当然不甘心自己的队伍就这样被红军拉走，立刻派出骑兵追赶起义队伍。起义军在向海原进发中，被王子元的骑兵包围并打散，张秀山断后被俘。起义队伍也被迫分成两队，一队去定西打游击，一队去静宁。因敌强我弱，起义军坚持战斗了一个多月，最后失败了。靖远起义的失败并未使谢子长灰心丧气，不久，谢子长转到兰州继续寻找时机发动兵变。谢子长在兰州与中共地下工作者杜润芝取得联系，同时被王子元扣押的王儒林、张东皎被营救出来后也来到兰州与谢子长见了面，大家立即准备筹划第二次行动。

　　谢子长通过与邓宝珊、杜斌丞等人的私人关系筹集到了一些枪支弹药，此时恰好王子元部的特务连长杜鸿范到兰州领取军火，杜鸿范是杜斌丞的儿子，谢子长马上找到杜鸿范当面商谈，并动员杜鸿范投身革命，在谢子长的劝说下，杜鸿范将其在兰州所领到的枪支、子弹、军装等全部交给了起义军，并表示自己也不回靖远了，要上山打游击。谢子长率领在兰州的几十名同志，连同杜鸿范带来的七十多人，坐筏子顺黄河而下，来到靖远城东北的水泉堡。5月30日，这支两百多人的队伍，将一面印有镰刀斧头的"陕甘工农红军游击队"的队旗插上了堡子山顶，标志着中国工农红军陕甘游击队在靖远水泉堡正式成立，谢子长担任起义部队总指挥，焦维炽为政委，杜润芝为参谋长，下辖三个支队。起义部队提出"扶助工农大众"的口号，同时没收土豪劣绅的粮食分给穷苦百姓，得到当地老百姓的欢迎与支持。

6月2日，王子元派三团二营营长周维邦率队"围剿"游击队，战斗异常激烈，游击队虽然装备不足，但仍然英勇顽强地战斗，击毙敌营长周维邦。但是由于敌我力量悬殊，起义军寡不敌众，激战中张东皎受伤被俘，壮烈牺牲。谢子长命令部队撤出水泉，合并为一个支队，向海原县进发。谢子长按照省委指示回西安汇报工作。7月初，游击队与新接防的靖远县城国民党驻军营长王云山特务营在堡子山发生激战，终因子弹用尽，孤军无援而被围困于扎巴岗，在激烈的肉搏战中，部队损失惨重，被迫撤离，为保存力量，游击队化整为零，转入地下进行活动。

1933 年 2 月，王儒林、吕振华、吕明成等在靖远北湾设立招募办事处，3 月中旬，西北抗日义勇军在靖远西塬园子岔（今属榆中县）正式成立，王儒林任总指挥，举行靖远起义第三次行动。部队一边宣传抗日主张，一边开展革命活动。4 月初，兰州水北门起义爆发，起义人员二十余人与义勇军在后长川会合，义勇军发展成为一支近四百人的革命队伍，转移至红砂岘（今白银区武川乡境内）驻扎。水北门起义及义勇军的发展壮大，令国民党当局惶恐不安，蒋介石遂抽调劲旅围剿。国民党东路交通司令马锡武部袁福昌骑兵团，宁夏马鸿宾部冶成章一〇五旅，青海马步青部驻永登马二虎的黑马队，以及绥靖公署张绍武骑兵连，驻靖远新十旅李贵清部骑兵营等几路装备精良的敌军，同时向红砂岘扑来，对义勇军形成包围之势，局势异常紧张。激烈的战斗在红砂岘打响，二百多名义勇军战士英勇捐躯，三十六人被俘。被俘人员除少数人在押解途中逃出或被地下党营救外，大部分在兰州被杀害。

历时一年，三起三落的靖远起义虽然失败了，但它在西北大地上产生的影响却是深远的。靖远起义打响了甘肃革命的第一枪，在甘肃大地上点燃了革命的火种，是中国共产党甘肃历史上具有重要地位和深远意义的事件。忍辱负重、临危受命的谢子长在靖远起义中也积累了斗争经验和工作经验，更加坚定了为党奋斗一生的信念。靖远起义后，从 1937 年开始，一批靖远籍进步青年通过八路军驻兰州办事处的联系，纷纷奔赴延安参加革命，为甘肃地下党输送和培养了一批中坚力量。

靖远起义失败后，谢子长奉命赴西安向省委汇报工作。此时已进入 6 月，骄阳似火，毒辣辣的太阳把大地烤得炙热。谢子长仍是一副商人打扮，头戴礼帽，身穿长衫，正顶着烈日向陇东重镇平凉赶来。在隆德县城，谢子长遇到靖远起义后失散的杨林、高昆山、郝维新几个同志，听说他们打算去陕军十七师教导团开展兵运工作，谢子长劝说道："目前兰州形势紧迫，还是去陇东开展工作比较好。"几个人一起来到了平凉城外东关，刚要进城却看见一群人在围着一张告示观看。谢子长他们凑近一看，原来是陕西绥靖公署贴的告示，上面赫然写着：通缉共匪头子谢子长、刘志丹，有报告下落者、拿到首级者、俘虏归案者各赏一千大洋、两千大洋、三千大洋。同行的同志紧张起来，拉着谢子长要他赶快离开，谢子长笑了："赏钱不低呀！可惜他们抓不住我！因为真理正义在我们这边，我们的革命是人心所向，这就是共产党必胜的道理！"

当晚，谢子长召集杨林、郝维新等几个同志坐在一起研究行动计划，分析了陇东形势后，谢子长决定派杨林等几个同志到陇东敌警备十一旅发动兵变，然后带领起义部队和陕甘游击队会合。当时十一旅特务营一连连长高鹏飞为我党地下党组织的负责人，杨林带着谢子长写的信找到了高鹏飞，共同商议了起义的行动计划。

1932年7月9日，这一天西华池天气晴朗，艳阳高照，敌警备十一旅特务营二连正在操场上进行操练，趁他们将枪架起空手打拳的机会，已由我党掌握的特务营一连突然将他们包围缴械，与此同时，杨林、郝维新等率部冲入营部，按照事先约定，联合高鹏飞将正忙着打牌的敌营副潘自力等人缴了械，高鹏飞集合队伍宣布起义，当晚便率起义部队向陕甘游击队活动区域开拔，第二天下午，与陕甘游击队总指挥阎红彦率领的一大队和骑兵大队，在宁县盘克塬会师，并开赴游击队驻地正宁县湫头塬，起义部队也正式改编为中国工农红军陕甘游击队第三大队，高鹏飞任大队长。

西华池起义是西北兵运史上最成功的一次起义，在此之前，陕甘游击队在"左"倾路线的干扰下，在敌人的连续围追堵截下，损失惨重，近千人的队伍仅剩下三百多人。而此时西华池起义部队与陕甘游击队的会师，无异于雪中送炭，给重创下的红军及时补充了新鲜的血液，西华池起义的胜利也给了红军战士极大的鼓舞，部队在湫头塬进行休整，准备重整旗鼓，壮大武装力量，迎接新的战斗。

临危受命，力挽狂澜

★★★★★

（36岁）

西华池起义后，陕甘游击队在正宁湫头塬休整，同时准备商量对策，粉碎敌人对根据地的包围进攻。7月23日，中共陕西省委负责人李艮以省委巡视员的身份来到陕甘游击队任政委，受王明"左"倾错误的干扰，李艮到部队后，不顾敌人准备进攻游击队的严峻形势和刘志丹、阎红彦等人的反对，连续召集干部开会，要求游击队停止一切工作，要"集中火力反对右倾机会主义"，指责游击队党组织"执行右倾机会主义路线，同省委的布尔什维克路线非难对抗"，指责游击队"不执行省委关于土地革命和创造新苏区的指示"，并限令游击队在二十天内完成土地分配和建立政权的任务。同时，李艮大谈特谈如何创建新苏区和建立正规红军，他的这些不切实际的空谈引起了红军指战员的强烈反感。有的同志刚要根据实际情况加以反驳，李艮就上纲上线，扣大帽子，根本不容其他同志提出意见和反驳。

李艮极"左"思想并没有得到刘志丹和当时红军游击队总指挥阎红彦、参谋长杨重远等同志的同意和支持，李艮便私下活动，在游击队内秘密组织了一个"队委会"，打算取代现任游击队领导，以便继续推行省委的错误路线。李艮的计划还没有来得及执行，敌人便开始向红军所在的五顷塬进攻。李艮下令死守，并命令部队进行"平原战"、"阵地战"的正规训练以备抗击敌人。敌人很快占领了湫头塬和寺村塬之间的村庄，并截断了湫头塬和寺村塬的联系。李艮又命令红军进攻敌王郎坡寨堡。但是敌人占据有利地形顽抗，红军强攻一天，伤亡很大。在敌人的围攻下，红军被迫撤退到三甲塬。21 日，敌人骑兵、步兵约三百人将红军包围在三甲塬，游击队被冲散，直到 24 日才陆续回到宜君县马栏镇集结。这一仗红军游击队遭受重创，损失惨重，原先四百多人的队伍只剩下了不到一百人，枪支弹药也消耗很大。

李艮到游击队没多长时间，他的极"左"路线却给游击队带来了如此大的损失，不但枪支弹药损失殆尽，四百多人的队伍死的死，伤的伤，而且在这次战斗中，游击队四个大队长始终没有归队，也没有音信，大家心情都很沉重。正当大家为四个大队长的安全担心时，李艮却不顾指战员们的感受，怀疑游击队内部有"反革命阴谋闹事"，要集合部队讲话。大会一开始，李艮开口就说："部队没打胜仗是右倾作怪……"话音未落，立即引起一阵骚动。明明是"左"倾盲动，自己瞎指挥，却把失败的原因归结到红军指战员头上。时任骑兵大队副大队长的杨琪性格倔强刚毅，失去战友的悲痛让他再也按捺不住心头的怒火，他指着李艮厉声质问："我看你是国民党西北军派来的，看你把部队搞成啥了！"指战员们也纷纷上来质问李艮。李艮一看触犯众怒，吓得躲进窑洞里不敢出来。总指挥阎红彦耐心地做指战员的工作，总算平息了众怒。8月24日，红军陕甘游击队在旬邑马栏附近召开大会，批评李艮的"左"倾错误。李艮在部队再也没法待下去了，会后，他借口要向省委汇报工作，连夜离开部队去了西安。此时，敌人又从四面八方向游击队包抄过来。危急时刻，指战员们又想起了被撤职离队的谢子长，同志们都说，要是老谢还在多好啊！出于无奈，8月30日，陕西省委又派谢子长重回游击队担任总指挥。危急时刻，谢子

△ 在安塞县发现的谢子长用过的遗物——青瓷大碗

长毫无怨言，临危受命，星夜兼程赶到游击队驻地。

谢子长回到阔别已久的游击队，又见到了亲密无间的战友，别提多高兴了。同志们见到谢子长更是兴奋得不知说什么好，围着谢子长问长问短。尤其是刘志丹，见到曾经朝夕相处、并肩战斗的老战友更是有说不完的话，他们彻夜未眠，共同商量着战斗计划。此时，敌人兵分三路对游击队又开始了新一轮的"围剿"：第一路敌以陇东绥靖司令部九十七团、九十八团，从山河镇、早胜等地自西向东进攻；第二路敌以陕西警卫团与省保安第一游击队由彬县、旬邑等地向北"搜剿"；第三路敌以富平、同官、耀县三县民团以照金为中心堵击，企图四面围攻游击队。敌人来势汹汹，妄图彻底消灭陕甘游击队。谢子长与刘志丹、杨仲远、阎红彦等商议后，决定避敌主力，集中兵力，打其弱点。当即命令游击队向西退至旬邑、耀县、淳化三县交界的照金山区，这里地势险要，地形复杂，便于游击队作战。

9月上旬，游击队进至照金以南之杨柳坪，从捕获的敌探口中获悉敌富平、铜川、耀县三县民团四百多人逼近照金，情况十分危急。谢子长和队委们商议后，决定采取"诱敌深入，以退为进"法，游击队撤出杨柳坪，诱敌过入照金。敌人果然中计，进至照金扑了个空，误以为游击队不敢迎战已经逃遁。敌人万万没有料到，红军游击队在谢子长率领下当夜回师东进，直奔照金，杀了个回马枪，打得敌人措手不及。天刚破晓，照金大雾弥漫，趁敌人酣睡之际，游击队借着雾气的掩护，出其不意将敌人团团围住，在大雾中激战不到两个小时，就全歼民团四百余人，缴枪全部枪支弹药，击毙敌富平、铜川、耀县三县民团总指挥党谢芳，生擒耀县民团团总蔡子发。照金战斗的胜利，极大地鼓舞了红军指战员的斗志。照金战斗后，游击队获悉敌人将向红军反扑的消息，决定避开强敌，向西北转移。当部队行至淳化安子洼时与敌何高侯部意外遭遇。在谢子长的指挥下，红军抢先占据山头有利地形，经过几个回合的激战，将敌人击溃，同时还缴获了一批枪支弹药。

此后，部队遂北上正宁刘家店，在刘家店游击队遭到陇东警备旅的袭击，到石底子时，才摆脱了敌人的围追堵截。此时红军作战既没有依托，也没有后方保障，部队缺乏战略性作战目的和周密的计划，只是疲于应付敌人的围追堵截，处境十分艰难。在这种情况下，谢子长主张部队向保安、安定一带的山区转移。因为这一带地处偏僻，地域辽阔，游击队回旋的余地较大，反动势力在这里的统治相对比较薄弱，更重要的是这里党的地方工作基础较好，当地群众拥护革命，便于开展游击战争。谢子长的建议得到大家的一致赞同。

1932 年 10 月上旬，游击队转移至陕甘交界的墩儿梁、八卦寺一带，又遭敌陕北高双城部一个团一个营的袭击。为摆脱敌人的进攻，游击队被迫撤至子午岭梢山一带。此时天气已进入深秋，部队经费紧张，战士们住在破窑洞里，没有粮食吃，天气渐渐转凉了，战士们还穿着单衣，不少战士情绪低落。谢子长却鼓舞战士们："革命像这山一样，有兴旺的季节，也有枯黄的日子，革命也一样，有胜利也有失败。现在我们遇到了挫折，只要我们不悲观，不后退，最后的胜利总会到来的。"谢子长还十分乐观地打趣说："老子不行交给儿子，儿子不行交给孙子，有志者事竟成嘛。"谢子长乐观坚定的情绪极大地鼓舞了战士们，大家重新振作精神，一扫沉闷的空气与情绪。谢子长也针对红军游击队的被动局面，同刘志丹一起主持召开队委会。会议决定：游击队分散活动，一面做群众工作，一面筹集粮款、衣服，并寻机消灭小股敌人，恢复部队的战斗力。会后，游击队分为四路：一路七十多人由刘志丹带领，至甘肃合水拓儿塬一带活动；一路五十多人由杨森、黄子文带领，到三原武字区活动；一路由阎红彦、杨重远、杨琪负责带领骑兵队，到耀县、照金一带活动；谢子长与吴岱峰领三十余人，留驻陕甘交界的平定川、瓦子川一带，照看伤病员，并负责与上级组织联系和指挥各路游击队的行动。

 ## 与战士同甘共苦

（36岁）

1932 年的冬季来临了。冬天的子午岭异常寒冷，凛冽的西北风夹杂着雪花呼啸而下，刮到人脸上像刀割一样疼。游击队所在的梢山，更是一派萧瑟景象。伤病员缺医少药，粮食没有了，战士们全靠野果、野菜充饥，处境十分艰难。谢子长深深懂得，革命总是要吃苦的，在艰苦的革命岁月里，在敌我力量相差悬殊的情况下，新生的红军游击队遭受挫折与失败是在所难免的。斗争形势越严酷，斗争越艰苦，就越要团结一心，只要大家有信心，就一定能渡过难关。没有药品，伤员的伤口化脓了，谢子长就亲自用盐水给伤员洗伤口，盐水用完了，就用烟签子卷纸蘸些清油点到伤口上，这个办法非常有效，挽救了不少伤员的生命。虽然红军处境十分艰苦，但谢子长深知当地老百姓生活也十分困难，他尽量不打扰群众。当地百姓看到红军战士挨饿受冻，主动把节省下来的粮食送给红军，谢子长总是婉言谢绝，他说："老乡们生活很苦，我们不能帮助他们，咋还能麻烦他们呢？"他派人到较远的地区去买粮食。山高路远，买的粮食运不回来，他和留守人员一起去背。战士们还采来木耳、木瓜，打野兔、山鸡、野猪。打到羊鹿子是战士们最高兴的事，吃肉能解决吃饭问题，把羊鹿子皮绑在身上，白天当衣服穿，晚上当被子盖，解决了御寒问题。寒冷的冬季里，谢子长和战士们一样穿着单衣，而游击队筹得少量衣物，谢子长总是先发给伤病员，晚上睡觉他也总是守在洞口，铺一条毛口袋过夜。平时放哨、查哨、煮饭、抬伤员、给伤病员洗伤换药，谢子长总是带头去干。他常对战士们说，革命是一定要胜利的，我们共产党得人心，受到老百姓的诚心拥护，我们还有毛委员、朱总司令领导的中央红军，只要我们不怕失败，不怕牺牲，最后的胜利总是我们的。最困难的时候也就是胜利快要到来的时候，我们将最困难的日子挺过去，胜利就会到来。谢子长的话语激励着战士们去战胜困难，他吃苦耐劳、以身作则和爱兵如子的精神，更是深深地感染着战士们。游击队上下团结一心，士气高昂，战胜了重重困难，终于渡过了难关。经过近两个月的艰苦奋斗，各路游击队都得到了巩固和发展。阎红彦、杨重远、杨琪也率骑兵队，从耀县回到谢子长所在的平定川，并且带回了打土豪得到的很多现款、衣物、药品等，解决了游击队的燃眉之急。谢子长又带着骑兵队北上陕北，到安塞的真武洞东西莹打土豪，缴获了三十多匹骡马，筹集了大批经费，并将一部分款项送给陕北特委和北方局，作为党的活动经费。

这个冬天游击队经受了极端困难的考验，并且度过了难关。这同谢子长主张把部队分散活动，同时深入发动群众，积极开展游击战争的决策是分不开的，实践也证明谢子长的策略是完全正确的。1932 年 12 月上旬，各路游击队圆满完成既定任务，在甘肃合水会合。这时游击队接到中共陕西省委指示：将陕甘游击队改编为中国工农红军第二十六军，并令部队开往宜君县马栏转角镇杨家店子（今属旬邑）整编。这边红军游击队浴血奋战，那边执行王明"左"倾路线的陕西省委却错误地认定谢子长、刘志丹、阎红彦、杨重远等同志策划游击队"夺权斗争"。12月中旬，长期居住在省会西安、脱离军事斗争实际的陕西省委负责人杜衡，以省委代表的身份来到游击队。杜衡一到部队，就召开党员大会，公然宣扬什么"山沟里没有马列主义"，诬蔑谢子长、刘志丹、阎红彦、杨重远等同志犯了所谓"右倾机会主义"、"土匪路线"、"梢山主义"的错误，对四位游击队领导同志"执行党的纪律，开除出部队"。他擅自决定给谢子长、阎红彦以留党察看处分（后经中央查明事实真相，撤销了这个错误决定）。之后，强令谢子长、阎红彦离开部队，到上海中央局"受训"。12月24日，杜衡在宜君转角镇主持召开大会，宣布将陕甘游击队改编为中国工农红军第二十六军第二团（仅此一团），下辖骑兵连、步兵连、少先连、补充连四个连，杜衡担任军、团政委，错误规定干部从战士和班长中选举产生，原游击队排以上的干部无选举权和被选举权。结果选举班长王世泰任团长，刘志丹、杨重远虽被留在部队，但却降职使用。这一错误决定给陕甘红军造成巨大的损失，几乎断送了这支来之不易的红军武装。

在杜衡推行的"左"倾冒险主义错误影响下，部队离开山区游击根据地南下，向敌人兵力强大的平原地区集结，准备攻打中心城市。1933年6月下旬，红二十六军主力南下渭华地区，遭到强敌围攻，损失惨重。而杜衡这个开口闭口都不离"革命"

的家伙，则在部队南下时回到西安，后被捕叛变，成了一个可耻的叛徒。刘志丹、王世泰率领部队潜入秦岭山中，历经千难万险终于突出重围，返回照金，重整旗鼓。

陕甘游击队成立以来，先后歼敌四千多人，缴获大批枪支弹药，最兴盛时期发展到千余人的队伍，艰苦的斗争也培养出了一大批优秀的指战员，成为陕甘革命武装斗争的中坚力量。红军陕甘游击队是在党的领导下，在谢子长、刘志丹、阎红彦、杨重远等同志的直接指挥下，经过艰苦卓绝的斗争，排除种种困难，在西北地区建立起来的一支独立的革命武装。谢子长率领部队坚持建立山区革命根据地，坚持密切联系群众，广泛发动群众，武装工农群众，为开辟陕甘边革命根据地建立了卓越的、不可磨灭的功勋。但是在"左"倾路线的干扰和破坏下，游击队始终没有建立起巩固的革命根据地，谢子长心里一直感到内疚和不安。对于被撤职他一直看得很淡，他心里想的始终是革命大局，他说，革命就像担子，党让我担我就尽量担好，如果其他同志能担好，我也高兴。这就是一个革命者的胸襟，一个革命者的情怀。

战火中遇知音

1933年夏，谢子长在上海中央局"受训"期满，被派往河北工作。到天津后，又由中央驻北方代表派往张家口察哈尔民众抗日同盟军第十八师（师长为共产党员许权中）工作。谢子长在十八师负责党的工作，同时协助许权中指挥作战。一天，谢子长刚从张北前线回到张家口驻地，就被十八师参谋长杨晓初和爱人李馥清拉着，说要去见一个人。两人还打趣地说："老谢，我们可要喝你的喜酒啊！""我有啥喜酒可喝？"谢子长漫不经心地答道。"和人家通了几年的信，现在人家来了，你倒不想见了？"听杨晓初这样一说，谢子长的心剧烈地跳起来，"难道真的是祥斋？"是的，来人就是谢子长钦慕已久的姑娘尤祥斋。

△ 年轻时的尤祥斋（右下一）和孩子们在一起

尤祥斋原名刘芝兰，陕北米脂县人，出生于地主官僚家庭。1924年在米脂女校上学，积极参加党组织的学生运动和妇女运动，1926年加入中国共产党，是陕北早期的女共产党员之一。曾担任米脂女校学生会总务，米脂县学联会副总务和妇女协进会主席，早在1926年谢子长和尤祥斋就已经因为投身革命而闻名：谢子长反对土豪劣绅深得百姓喜爱，被称为"谢青天"；尤祥斋勇于和封建主义做斗争而赢得百姓的钦佩。共同的追求和志向把两颗年轻的心连在了一起。他们一直坚持书信往来，互相勉励，却没有机会见面。八年分别，没想到却在烽火连天的战场得以相见。同志们得知他们的恋爱史，都主张他俩尽快结婚。在杨晓初的建议下，同志们在师部附近的老乡家借了一间房，给两人热热闹闹办了婚礼。没有聘礼，没有嫁衣，没有蜡烛，但是两个志同道合的人在分别了八年，书信来往了八年后，终于走到了一起，他们的爱情没有花前月下的甜言蜜语，更没有什么海枯石烂永不变心的海誓山盟，他们的爱情诞生在战火纷飞中，诞生在革命的事业中。

结婚没几天，谢子长就到张北前线去了，直到 7 月 12 日才回到张家口。他走的这些日子，尤祥斋每天都关心着前线的战况，也为谢子长的安危担心不已。看着谢子长消瘦的脸庞，布满血丝的双眼，尤祥斋心疼极了，连忙给谢子长擀面条吃。谢子长常对她说："我们这个小家要适应过大家的生活。革命队伍就是个革命大家庭，大家都是阶级兄弟，应当互相帮助……"尤祥斋也很快适应了这种革命家庭生活，她白天忙着妇女救亡工作，晚上常在灯下给同志们缝缝补补，大家也都亲切地称她"谢嫂子"，在这个革命大家庭中，到处洋溢着和谐与欢乐，革命的崇高理想和乐观的革命精神，也在这个大家庭里得到了充分的体现。

谢子长和尤祥斋这对革命夫妻聚少离多，婚后不久，谢子长随军前往张北战场，尤祥斋则被组织安排回北平，在共产党员白超然任教务主任的弘文中学从事地下工作。一个多月后，谢子长在多次转战后死里逃生回到北平。在北京从事地下工作的日子里，夫妻二人生活清苦，他们住在东城区的一间民房，没有任何经济来源，常常是吃了上顿没下顿，还要时刻躲避敌人的缉捕。11月，党组织决定让谢子长回陕北开展工作，尤祥斋仍留在北平搞地下工作。短暂的相聚后夫妻二人又要分别了。此时，尤祥斋已有身孕，谢子长给孩子的名字都取好了，可是，一天晚上尤祥斋出去撒传单，摔了一跤，不幸流产了。射子长临行的前一晚，尤祥斋给他煮了一碗汤圆饯行，想到结婚半年多，两人相聚的日子只有三个多月，尤祥斋忍不住热泪直流，这一别不知什么时候再相见！谢子长安慰她说："坚强点儿，今天的分离是为了将来我们永远不分离。等我回去打开局面后，我一定再回来接你！"哪知，这一次分别竟成为永别！1934年，由于叛徒告密，河北省军委机关遭到敌人破坏，尤祥斋被敌人逮捕，直到1935年谢子长牺牲时，还被敌人关在天津的监狱里，夫妻二人从此阴阳两隔，再也无缘相见。

新中国成立后，尤祥斋先后任北京妇幼保健所副所长、华北行政委员会卫生局人事科科长，后任中国中医科学院西苑医院副院长。她一生清廉，始终保持着艰苦朴素的革命作风，省吃俭用。

在漫长的岁月里，她对谢子长的思念从没有停止过。1964年春位于瓦窑堡的子长陵落成，老人还亲笔写了一段话怀念谢子长：

谢子长同志，虽然我们相处的时间很短，但您的革命精神却深深地印在我的心里，您对我的教益终身难忘。多年来，一想起您，什么样的艰难困苦我都能熬过，什么样的敌人我都不畏惧。我和西北人民永远怀念着您！

1996年9月临终前，94岁高龄的尤祥斋向子女提出，要把自己的骨灰撒入米脂县十里铺乡"六烈士"牺牲地——无定河畔，同时，将自己毕生的全部积蓄留给自己的母校——米脂中学。10月13日，其亲属遵照老人生前遗愿，来到陕西米脂县，把老人生前所有积蓄二十万元捐给了米脂中学，设立"尤祥斋女生助学基金"，以帮助在米脂中学就读的品学兼优且家庭困难的女学生顺利完成学业，鼓励她们自强不息，学业有成，早日为祖国和社会作贡献。

再回陕北重整旗鼓

★★★★★

（36—37 岁）

1933 年 11 月，中共中央驻北方代表孔原派谢子长再度回陕北领导游击战争。谢子长被任命为中央北方代表派驻西北军事特派员，负责西北的军事领导工作。1934 年 1 月 22 日，谢子长由北平经太原西渡黄河，秘密回到陕北安定县。1 月份正是陕北高原最冷的时节，大雪纷纷扬扬接连下了三天三夜，西北风怒吼着，夹着雪花打在人脸上，生疼生疼的。谢子长在陕北特委派出的白雪山、贺牛两位同志的护送下，从清涧出发，迎着寒风，踏着半尺多厚的积雪，深一脚浅一脚，艰难地行进着。尽管路途艰难，但谢子长一想到马上就要回到阔别已久的家乡，阔别已久的红军游击队，他就按捺不住喜悦的心情，路途的艰难早已抛在了脑后。等他们赶到谢子长家乡枣树坪附近的马圈坪时，已经是后半夜了。中共安定西区地下党支部书记刘存元见到谢子长，是又喜又忧，喜的是老谢回来了，陕北红军有盼头了，忧的是红军陕北游击队处境异常艰难。当时陕北革命根据地正值困难时期，红军陕北游击队第一支队在枣树坪、温家坡、关庄战斗中伤亡过大，并与陕北特委、安定地方党组织失去联系，支队负责人牺牲的牺牲，被捕的被捕，原来一百多人的队伍如今只剩下不到十人。他们又被迫做出"卷起红旗压枪分散隐蔽活动"的决定。敌人不断加重恐怖氛围，重建保甲制度，实行连环铺保，谁家来人都要向保长登记报告。

听着刘存元的介绍，谢子长的眉头越皱越紧，心情也沉重起来。在来陕北的路上，他曾设想了种种情景：和久未相见的同志们促膝谈心，和同志们一起拿枪操练，苦练杀敌本领，和队委们共商战斗策略……在他的想象中，离开陕北红军游击队这么长时间，游击队的力量一定得到了壮大，家乡的老百姓也一定过上了好日子，土豪劣绅们再也不会欺压百姓了，然而……

沉默片刻后，谢子长微笑着拍着刘存元的肩膀，轻松地说："胜败乃兵家常事嘛！我们革命不能怕失败，革命就要有三起三落的精神，坚持到底就是胜利，关键是我们要从失败中总结经验教训，把革命进行到底！"

谢子长连夜叫人召集支队干部开会，在同志们的秘密串联下，谢子长的侄子谢绍安、表侄刘明山、李盛堂、薛兰刚、南贵臣、刘志清、崔玉虎等支队干部都聚集到谢子长住的山窑子里。看着大家情绪不高，谢子长笑着说："我们陕北可是卧虎藏龙的地方呀！历史上可是出了不少英雄豪杰的。眼下我们是遇到了一些困难，但是老百姓的心是向着我们的，我们有共产党的领导，难道还推翻不了一个腐朽不堪的国民党反动统治吗？我们可不能因为眼前的暂时失败就丧失了信心呀！"接着，他又给大家讲起了苏维埃，说苏维埃是一种政权的组织形式，由工人、农民和红军掌权，先打土豪分田地，推翻地主军阀剥削阶级的统治，然后搞集体化、国有化，最后实现共产主义。谢子长总结过去失败的经验："过去我们只重武装，没有发动群众在农村建立根据地，这就像大树没有根一样，我们一定要吸取教训，把根扎在群众中，在农村建立起根据地。"他鼓励同志们："只要我们坚持到底，我们很快就能翻身了，明年咱们这里也能成立苏维埃了！"谢子长的一番话，让同志们浑身充满了力量。大家信心十足，立刻着手商量对策，恢复红一支队。

敌人听到谢子长回到安定的消息，惶恐不安，立即在安定一带布置兵力，实行戒严，严查行人。谢子长白天带领战士们钻山沟住山窑子，一面整训一面讲政治，讲军事，总结失败教训。晚上谢子长回到村子里可靠的群众家里吃饭，进行发动群众的宣传工作。时值深冬，天寒地冻，谢子长来往于村里和山里之间，手脚都冻破了，鲜血和黄水直淌，行走十分困难。严重时脓血把袜子黏住脱不下来，只好由同志们架着他走，每走一步都钻心地痛。但他仍然乐观面对，笑着说："这点苦算啥？和那些牺牲的同志们比起来，不算什么。等过了这个冬天，天气暖和了，就好了。"

回到家乡，谢子长一直没有机会见到家人。这一天，在马圈坪村一个窑洞里，谢子长终于见到了家人。此时，谢子长的二哥谢占元已被敌人抓到监狱折磨而死，侄子谢福成和谢绍斌还被关在监狱里。二嫂问谢子长："兄弟，你二哥被害死了，侄子现在还被关在监狱里，那么多的游击队员都被杀害了，你不怕吗？你们能把革命闹成么？"听了这位憨厚淳朴的农家妇女的问话，谢子长笑了："二嫂，你看到咱们山上的毛脑柳树吧？去年割了一茬，今年又长出新的来了。共产党人就像这毛脑柳树一样，有的同志被杀害了，有的被关在监狱里，但是我还活着，整个陕北还有许许多多的共产党员，共产党人是杀不绝的！"

谢子长不仅自己投身于革命事业，还影响和带动全家投身革命，他的家也成为一个名副其实的革命家庭。谢子长家中先后有十一人参加革命，在 1932 年至 1936 年短短的四年多时间里，就先后有八人为革命英勇献身。他们是谢德惠（谢子长的大哥，曾任中共安定县西区第一任区委书记）、谢占元（谢子长的二哥，1934 年牺牲于狱中）、谢绍安（谢子长侄儿，曾任红二十七军四团团长）、谢绍斌（谢子长侄儿）、谢福成（谢子长侄儿）、谢财娃（谢子长侄儿）、谢福玉（谢子长侄儿）、谢玉梅（谢子长侄女）。革命总是要面对险恶的环境和凶残的敌人，对此谢子长早有心理准备。他曾经说："革命是要花本钱，是要付出代价的。敌人想多杀害我家的几个人，逼迫我不革命，根本办不到，敌人的暴行只能促使我革命到底！"这是一个坚定的革命者表现出来的无比宽广的胸怀，这更是一个革命者舍小家为大家的共产主义精神的体现。

在此期间，谢子长巧妙避开敌人的追捕，与地方党组织抓地主老财，筹集活动经费；联络失散战士，起出枪支，为恢复红军陕北游击队第一支队做准备工作。他还给红二十六军和刘志丹写信，说明情况，请求陕甘边红军的支援。刘志丹接信后，当即回信并派人送来银元两百元，解决了经费问题。为鼓舞群众，提高士气，谢子长派刘明山等处决了当地民众痛恨至极的恶霸韩九成。经过一个多月的艰苦努力，1934年3月8日，谢子长在安定县刘家圪崂村刘海旺家主持会议，宣布陕北红军游击队第一支队正式恢复。谢子长亲手制作了一面红旗，上面写上"陕北工农红军第一支队"，并把它授给了新任命的支队长李胜堂，革命的红旗重新树立了起来。这天晚上，十多名支队干部聚集在刘海旺家的窑洞里，大家聚精会神地听谢子长讲斗争的方针、政策和任务。他说："现在我们的当务之急就是建立革命根据地，要把武装斗争和地下党组织的活动紧密联系在一起。扩大红一支队的方针是从小到大，由弱变强，对国民党基层政权乡、镇长和敌特人员要打击坏中之坏，要以李家岔为中心成立苏维埃政权，组建赤卫军、贫农会、妇女会等群众组织，以配合红军游击队行动。"他要求每个同志都要学会打仗，学会向群众宣传，学会建立政权。

这次刘家圪崂村会议是陕北根据地历史上的秘密会议，在白色恐怖日益严重、革命遭受严重挫折、游击队员们思想动摇的关键时刻召开这样的会议，犹如严冬黑夜里燃起的火炬，为陕北红军的革命斗争指明了前进的方向，明确了斗争的方针政策。红一支队的恢复也标志着陕北地区武装斗争进入了一个新的阶段，为以后陕北游击战争的大发展奠定了重要的基础。

红一支队恢复的第二天，群众就反映：伪乡长姬占富在胡家洼沟为收粮要款的事正在打骂群众。谢子长决定给地方反动势力来个下马威，杀杀他们的威风。他果断地下命令："抓起来处决了，要叫他知道我们红军的厉害。"李胜堂立即带人抓来姬占富，审判处决。民团头子李丕成闻讯带二十多团丁进至李家岔企图袭击红军。谢子长认为这是消灭李丕成的机会，决定偷袭李家岔。因内应告密，结果只击毙团丁一名，缴枪一支。这次战斗虽然战果不大，但公开了谢子长领导的红一支队，重振了红军游击队的声威，打击了反动势力的嚣张气焰。红一支队也迅速扩展到二十多人。谢子长率领队伍神出鬼没，专在敌人眼皮底下活动，抓住有利时机就给敌人狠狠一击，敌人毫无办法，又摸不到谢子长的行踪。有时敌人驻在枣树坪，谢子长却经常晚上在离枣树坪只有两三里路的马圈坪、张家坪、刘家圪崂村活动。有的同志劝谢子长："离敌人这么近，太危险了。"谢子长却说："离敌人越近的地方越安全，因为敌人不信红军敢在他们眼皮底下活动。"在多年的战斗生涯中，谢子长练就了机智勇敢、胆大心细的本领。那还是在1931年左右，谢子长正在家乡开展兵运工作。一次，敌人一个团长带着一个连来到谢子长家，硬逼着谢子长家人管饭。谢子长的大嫂正在磨面，却见谢子长来到磨房，大嫂吃惊地问："你怎么还敢回来？"谢子长却镇定自若地说："正因为敌人住在咱家上院，他们才根本不会想到我敢回来。"了解完敌情，谢子长才从容不迫地离去。事后，同志们都说谢子长胆子真大，谢子长却诙谐地说："心正才能胆大，只要有随时为革命牺牲一切的思想，你就啥也不怕了。"

随后，谢子长根据斗争形势的需要，把游击队员分成三五人的若干小组，分散到农村，在当地党组织的配合下，充分发动群众，打土豪劣绅、抗丁、抗税、抗租，有条件的地方还组织了赤卫军组织。红一支队的革命武装进一步壮大后，谢子长又提出攻打石湾镇的计划。石湾镇处于横山和安定两县交界处，地势险要，有民团三十多人，常有国民党驻军，是周围地主老财和土豪劣绅藏身的老巢。一天晚上，谢子长率红一支队如神兵天降，冲进镇内，歼灭了民团。攻克石湾镇，使红一支队在陕北声威大震，土豪劣绅、伪乡长、民团都缩了头不敢再作威作福欺压百姓，穷苦百姓扬眉吐气，痛快极了。当地百姓用信天游表达他们对红军的敬意：

人民救星要靠谢青天，

豪绅恶霸恨他没深浅。

队伍民团相勾结，

妄想乌云遮青天。

人民的劫运已临到，

老谢果然离了个早。

老谢离开好几年，

人民生活真可怜！

少吃缺穿算不得苦，

挨打受气实实受不过。

公款税捐粮草出不完，

最怕拷打找寻游击队。

青年立盼老谢回，

老汉们急得齐下泪。

老谢何时能转回，

我们又得见青天。

听说老谢回来了，

婆姨娃娃也高兴了。

老百姓听说都喜欢，

反动派得知惊破胆。

这家把鸡蛋肉面一齐端，

那家的瓜果蔬菜堆上来。

请您收下这点小小情，

聊表我们的一片心。

人山人海拥挤争相看，

好容易今天又得见一面。

老汉老婆手拿瓜子拄杖来，

也想拉两句内心话儿在等待。

谢子长笑说盛情我已领，

东西拿回老人娃娃用。

安慰大家放心不要怕，

消灭敌人自有好办法。

我们是世界的主人翁，

敌人都是些寄生虫。

主人起来闹革命，

寄生虫才可消灭尽。

青年们踊跃纷纷多跑来，

谢子长欢喜一一都接待。

人民子弟红军一家人，

广大群众谁不欢迎？

游击队，赤卫军，

意气风发逞英雄。

敌军听着心胆寒，

一见红军自相乱。

红军到处打胜仗，

赤卫军都来助战场。

枪炮弹药日充实，

军费给养更丰足。

红旗遍地风飘扬，

欢呼胜利人人头高仰!

团结团结再团结，

领导还要靠谢青天!

 ## 组建陕北游击队总指挥部

★★★★★

（37岁）

在谢子长的指挥下，红一支队高举武装
斗争的旗帜，将陕北高原革命的烈火燃烧得

越来越旺。在一次次的斗争实践中，谢子长的思想更加成熟，对毛泽东的革命理论和实践也有了更深的理解，也深深认识到建立革命根据地的重要性。正是按照毛泽东的理论和实践，创建革命根据地，把武装斗争和农村土地革命密切结合起来，才使陕北武装斗争和根据地得到迅速发展和壮大。武装斗争的烈火也由安定县城烧遍了陕北高原。在陕北特委及谢子长的领导下，仅仅几个月的时间，陕北红军游击队新成立了十几支游击队。革命的力量迅猛发展，必然会招来敌人的镇压，谢子长认识到必须要集中优势兵力对付敌人，他给陕北特委写信，提出成立陕北游击队总指挥部的想法和具体的部署。陕北特委对谢子长的建议十分重视，立即着手酝酿成立陕北游击队总指挥部的工作。1934 年 7 月 8 日，中国工农红军陕北游击队总指挥部在安定县阳道峁成立，谢子长兼任总指挥，郭洪涛任政委，贺晋年任参谋长，直辖一、二、五支队和赤卫队、少先队，共计六百余人。

　　7 月 17 日，谢子长经过周密的侦察和部署，在城内地下党员的策应下，指挥各支队和赤卫队奇袭安定县城。这是陕北游击队总指挥部成立后的第一次军事行动。战斗开始，红一支队攻城，二、五支队负责掩护，赤卫队配合。红军迅速攻占了炮楼，谢子长登上炮台指挥。贺晋年带领谢绍安、刘明山等冲进县衙，歼灭民团数十人，缴获一批弹药、物资，还打开安定县城，救出监狱里被关押的同志。这次战斗的胜利进一步扩大了红军游击队的影响，有力地推动了陕北游击战争的开展，游击队也向正规军迈进了一步。当时，

△ 绥德县定仙圪崂战斗遗址

刘志丹领导的红二十六军四十二师主力在以南梁为中心的陕甘边革命根据地内外活动，而陕北游击队主力及各地游击队在以安定为中心的陕北广大地区活动。南北两支红军主力像两把锋利的钢刀，插在西北大地上，有力地打击着国民党反动统治。打开安定县城后的第三天，谢子长即率领部队南下南梁，与刘志丹的部队胜利会师。

陕北革命力量的发展壮大，使国民党当局万分恐慌，急调陕北军阀井岳秀第八十六师，加上各县民团共万余人的兵力开始对陕北革命根据地进行第一次"围剿"。敌人来势汹汹，全面围剿的同时又派出两路兵力追剿红军。敌军采取"撒豆战术"，逐村蚕食，逐地推进，步步为营，妄图一举消灭红军游击队。为了粉碎敌人对陕北革命根据地的"围剿"，谢子长仔细分析了敌情，决定采取集中兵力作战，先剪除敌军伸出的两只触角，即先消灭由田庄、石湾方向向我军推进的两路敌人。

8月15日，谢子长率领红四十二师三团和陕北游击队一、二、五支队北上，到达陕北革命根据地的安定县西区。8月17日，驻石湾镇的敌八十六师姜梅生团以一个连兵力窜入一个叫景武塌的小山村。谢子长得知后、决心抓住战机，消灭这伙孤军深入之敌。景武塌是安定西北一个只有十多户人家的小山村，周围有五座山。谢子长召集同志们缜密地制定了作战部署，决定由王世泰带领红三团担任主攻，贺晋年带领一、二、五支队助攻，将敌人包围消灭。战斗打响了，红三团首先从景武塌东北面三郎山上冲下来，占领了堖畔山。然后居高临下地扔了一通手榴弹，炸得敌人血肉横飞。同时，贺晋年带一、二、五支队也从东南方向攻进村子。敌人发现被包围，慌忙向石湾方向逃窜，也被事先埋伏好的红军战士全部歼灭。这一仗，红军全歼敌人一个连，缴获长短枪一百多支，俘虏敌人八十多名。贫苦农民自动组织起赤卫军，给红军、游击队送粮食。党的组织公开了，妇女会、儿童团如雨后春笋般地迅速发展起来。安定县除几个点还被敌人占据外，大部分成了红军的根据地，农村包围城市的态势开始形成。景武塌战后，谢子长率领红三团和陕北游击队总指挥部在玉家湾稍事休整，继续挥戈东进，向敌人的大本营绥德挺进。8月23日，红军在绥德张家圪台歼灭敌八十六师两个排,缴获长短枪七八十支。就连敌榆林出版的《上郡日报》也惊呼："陕北驻军多被赤匪缴械俘虏，驻军虽全力剿除，惟匪出没无常，时而千百成群，时而三五分散，难以奏效。"谢子长熟练地将毛泽东和中央红军创造的游击战术运用到陕北游击战争中，取得了相当大的成效。景武塌和张家屹台战斗的胜利，极大地鼓舞了陕北人民的胜利信心，也使陕北革命斗争之火愈燃愈烈。

英雄最后的日子

(1934—1935)

➡ 征战负伤

★★★★★

（37岁）

张家圪台战斗后，谢子长率领部队沿清涧县无定河南下。在无定河和黄河的汇合口岸有一个小镇叫河口镇，是陕北通往山西的一个重要渡口。敌二五八旅五一五团三营一个连驻守在此，连长叫董正谊。平日里这些家伙为非作歹，勾结民团摊粮要款，欺压百姓，当地群众敢怒不敢言。红军来到距河口镇四五十里路的村子后，当地百姓纷纷向红军控诉这帮敌人恶行，要求红军消灭河口镇的敌人。1934年8月下旬，谢子长和当地党组织及队委们商量后决定攻打河口镇，拔掉这颗"钉子"，为清涧东区革命根据地的发展创造条件。8月26日夜，天空下起了雨，谢子长决定趁雨夜偷袭河口镇。战斗打响了，

114

敌人凭借有利地形死守河口镇，一时间，枪声、炮声、喊杀声和雨声混成一片。这时天已大亮了，敌人凭借坚固的碉堡工事顽抗，红军缺乏攻坚重武器，连续进攻数次都没有攻克。再拖下去，敌人的援兵就可能到了。此时，谢子长命令红三团再次组织火力进攻，务必尽快攻下碉堡。他亲自来到前线，在离敌碉堡几百米远的地方指挥作战，突然一颗子弹飞来，谢子长不幸胸部中弹，打了一个趔趄，鲜血立刻渗透了他穿着的紫褐色夹袄。旁边的同志看到谢子长负伤，急忙过来搀扶他，谢子长急了，大声说："不要管我，赶快往上冲！"他咬紧牙关忍着疼痛，用衣襟掩住伤口，继续指挥战斗。殷红的血和着雨水顺着衣襟一滴滴往下淌，谢子长的腿一阵发软，终于支持不住倒了下来。同志们不顾他的反对，硬是把他从阵地上抬了下来。他用微弱的声音命令大家："我负伤的事要保密，不许声张。"大雨中敌我双方激战一日，双方死伤严重，僵持不下。敌人在遭受重大损失后，也于当晚丢掉河口镇，绕道逃回清涧县城。河口镇的这颗"钉子"终于被拔掉了，河口镇宣告解放并成为苏区，扩大了清涧以东的革命根据地。至此，红军游击队也在谢子长的指挥下粉碎了敌人对陕北根据地的第一次围剿。不幸的是谢子长在这次战斗中身负重伤。由于缺医少药，部队经常转移，谢子长的伤情不断恶化。同志们万分焦急，再三劝他尽快离开部队养伤，但谢子长坚决不离开战斗岗位，他说："要革命就不怕牺牲，打仗总是有伤亡，我这点伤不要紧。随队比离队好，我在部队还能做点工作。"起初，他强忍伤痛，骑在马上指挥战斗。后来，身体越来越虚弱，连马也骑不成了，他就坐在担架上继续工作。此时，陕北革命根据地迅速发展起来，出现了大好形势。各地革命政权相继成立，游击队也迅速扩建，土地革命也轰轰烈烈地开展起来。9月18日，重伤在身的谢子长亲自策划成立了陕北第一支红军正规部队——将陕北游击队第一支队和第八支队合编为中国工农红军陕北独立师第一团，下辖步兵第一、二、三连和骑兵连，共二百多人，长短枪一百多支。谢子长抱病参加了整编大会，并郑重地把军旗授给了团长贺晋年。看着这飘扬的军旗，谢子长不禁热泪盈眶，回想自己十多年来奔走陕甘宁，经历了无数次的失败与考验，忍受了多次的误解与非难，终于让鲜艳的革命红旗高高地飘扬在陕北高原，实现了自己的愿望与奋斗目标，虽然身负重伤，然而此时他的内心充满了喜悦，深陷的眼窝也熠熠闪光。革命的成功是他一生的理想，这对他来说是多么大的鼓励和安慰啊！

党和人民永远怀念他

在当时的条件下，由于根据地缺医少药，谢子长的伤势一直得不到有效的治疗。他的伤势一天比一天严重，人更加消瘦，眼窝深陷。这时，谢子长感到自己已成为部队的累赘，这才同意离队养伤，一直到 1934 年 10 月份，他才离开部队，来到秀延河上游一个偏僻的小山村——阳道峁村养伤。伤病中的谢子长，仍在日夜反思着自己和西北地区革命斗争多年来所走过的艰难历程，总结着经验教训。他时刻关心着西北革命的发展，不断考虑着如何不断壮大红军武装力量。

养伤期间，同志们想方设法给他搞点营养品补补身子，但谢子长总是不舍得吃，当地百姓给他送来营养品，他也总是拒绝，他对身边的同志们说："消灭白军、分地、分粮是革命者应做的事。再说穷人家的东西来之不易呀！我怎么能白吃人家的东西，我给老百姓没办多少事啊！"谢子长为革命事业献出了自己的家产，他的家庭先后有十一位亲人参加革命，八人为革命献出生命，谢子长自己重病在身，却不愿占百姓一分钱，这是多么崇高的胸怀和革命精神啊！

敌人许久没有谢子长的消息，到处派探子打听消息，追踪谢子长的下落。一天，为了躲避敌人的追捕，群众把谢子长从阳道峁转移到磁圪湾、水晶沟，跑了一天，连口饭都没有吃上。谢子长嘱咐同志们说："抬我走吧，抬不动就一枪打死，你们逃命，绝对不要让敌人把我捉去！不要为了我把战士们的命搭上！他们年轻，革命正需要他们出力，怎能为了我一个人牺牲大家呢！"听了谢子长的话，同志们流下了眼泪，二十多名战士齐声说："不能丢下总指挥！就是死也要把老谢转移走！死也要死在一起！"战士们分成两组，一组身强力壮的战士负责抬谢子长转移，一组战士在后面掩护，终于又一次躲过了敌人的追捕。

腊月三十，谢子长在群众和战士们的护送下转移到安定灯盏湾，这时他的身体已经十分虚弱了，再加上不停地转移，他坐都坐不住，手捂着胸口不停地咳嗽。但他仍然十分关心红军游击队的活动和各种消息。老战友刘志丹来看望谢子长，两人也顾不得叙旧，而是在一起商议要尽快成立西北军委，统一指挥两支红军队伍。刘志丹还提议要谢子长担任主席。谢子长恳切地说："这样不好，还是你当主席比较合适。再说我病成这样，也不能到职工作，何必应那个名呢？"刘志丹充满真诚地说："你是老大哥，对陕北熟悉，百姓也了解你，你的威望比我高，还是你挂帅吧，我做你的助手，协助你完成任务。"两人推来让去，直到谢子长有些生气地下命令："我以军事特派员的名义确定，由你担任军委会主席。"两人这才停止了推让。结果在军委成立会议上，刘志丹还是提议由谢子长担任西北军委主席，自己任副主席兼总指挥。

1935年2月，谢子长病情突然恶化，他感

△ 灯盏湾遗址

觉到自己的伤情已没有好转的希望，他流着泪说："就这样死了，我对不起老百姓！我给他们做的事太少了！"即使在临终前，他仍念念不忘红军的建设和革命根据地的发展，仍惦记着百姓的生活。

2月21日，谢子长与世长辞，西北大地上一颗耀眼的红星陨落了！弥留之际，他仍在昏迷中呼喊着战友的名字和指挥部队冲锋的口令，直至逝世，时年38岁。谢子长逝世后，为防止敌人乘危袭击，中共西北工委决定：暂不发讣告，不举行丧事和追悼会；对下级和老百姓绝对保密，行文仍签署谢浩如的职衔姓名。谢子长的家属也毫无怨言，件件依允。直到1935年5月上旬，安定县城和延川县永坪镇等地解放后，才逐渐解除保密。

谢子长去世后，刘志丹率领红二十六军、二十七军，继续同敌人浴血奋战，成功粉碎了敌人的围剿，迎接中央红军的到达。1935年10月，中央红军到达陕北后，陕北革命根据地进入了一个全新的发展阶段，陕北根据地也成为中央红军长征的落脚点和抗日战争的出发点。

陕甘革命根据地是谢子长、刘志丹等领导红二十六军和红二十七军经过多年的艰苦战斗创建的，作为一名优秀的中国共产党党员，西北红军和西北革命根据地的主要创建者和领导者之一的谢子长，在西北党组织和人民群众中享有崇高的威望。他的一生是战斗的一生，是革命的一生，他身经百战，驰骋沙场，骁勇善战；他一心为党，身系百姓，无比忠诚。他为革命的胜利奋斗不息，直至献出了自己的生命。

为了纪念谢子长，1935 年中共西北工作委员会决定改谢子长的家乡安定县为子长县。1938 年，中共陕甘宁边区委员会和陕甘宁边区政府，决定将谢子长的遗骨移葬于谢子长的家乡枣树坪，并修建谢子长烈士墓。毛泽东于 1939 年 6 月 29 日和 7 月 9 日两次亲笔为谢子长墓题词："民族英雄"、"虽死犹生"，并亲笔为谢子长墓撰写了碑文。碑文如下：

谢子长，名德元，安定人，一九二五年在北平加入共产党，自此即以共产主义为解放中国人民之道路，创农民运动讲习班，组农协会，领导人民参加反帝反军阀运动，人民因有"谢青天"之称。一九二七年大革命失败后，谢子长起义于清涧，继参加渭南暴动，败不丧志，奔走西北华北各地，九·一八事变后于陕甘之间组织反帝同盟军，后改为中国工农红军陕甘游击队，即是红二十六军之前身。一九三三年赴察哈尔参加抗日

△ 毛泽东题词

同盟军，失败后回陕北组织第二十七军，协同刘志丹诸同志创造了陕甘宁边区。一九三四年于河口之役负伤，一九三五年春因伤逝世，党政军民各界感谢子长之功德，改安定县为子长县，以志纪念。于政府及人民为谢子长立墓之时书以叙之。

毛泽东题

1946 年，中共中央西北局和陕甘边区政府又为谢子长在瓦窑堡修建了子长陵园。同年 2 月 19 日，举行了隆重的移葬公祭仪式，凭吊者逾两万人。毛泽东于 2 月 28 日再次题词："谢子长同志千古。前仆后继，打倒人民公敌蒋介石。"朱德题词："谢子长同志，陕北人民领袖，前仆后继。"中共中央西北局送的挽联上写着："一生为人民创造红地，百姓到如今叫你青天。"中共中央和中央军委的其他领导人刘少奇、周恩来、任弼时、彭德怀、彭真、贺龙、刘伯承、林伯渠等也题了词。1947 年国民党

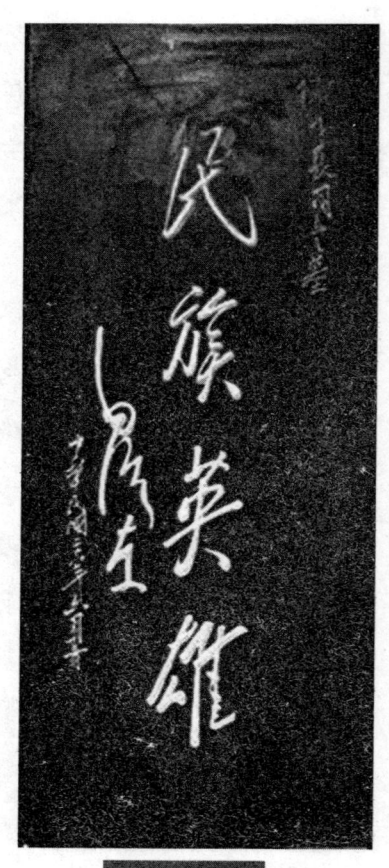

△ 毛泽东题词

胡宗南部侵占瓦窑堡，这座倾注着党和人民对谢子长深厚情感的建筑，被敌人破坏，题词石碑也被打碎修了工事。

全国解放后，为了纪念这位功勋卓著的西北革命领袖，为了表达人民对党的忠诚战士——谢子长的敬仰与怀念之情，1953 年，陕西省人民政府拨专款在原址重修了子长陵园，建起了"谢子长烈士纪念馆"，英雄的安息之地也成了今天的革命传统教育基地，一队队青少年们在这里瞻仰英雄，倾听英雄的事迹，感受英雄的革命精神与优秀品质，并将其化为巨大的精神财富，激励人们为建设更美好的明天而努力奋进!

人们永远不会忘记这位西北革命的先驱者。1997 年 1 月 19 日，是谢子长诞辰 100 周年的日子，北京人民大会堂隆重举行了"谢子长诞辰 100 周年纪念座谈会"，曾经和谢子长并肩战斗的战友贺晋年、马文瑞、刘澜涛等同志回顾了谢子长光辉的一生，国务院总理李鹏题了词，中央政治局常委、中央军委副主席刘华清代表中共中央、中央军委做了重要讲话，给予谢子长极高的评价，并希望全国人民学习他，纪念他。

摘录如下：

同志们：

1997年元月19日是谢子长同志诞辰100周年。我们在这里隆重举行纪念座谈会，缅怀这位为党的事业"鞠躬尽瘁，死而后已"的英雄，是很有意义的。

谢子长同志是西北红军和西北革命根据地创始人之一。他为中国革命建立了不可磨灭的功勋，在西北党组织和人民群众中享有崇高的威望，深受大家的爱戴和敬仰。

……

谢子长同志的一生是短暂的，又是光辉的。他毕生为革命英勇奋斗，对人民忠贞不渝，为党的事业作出了重大贡献，给后人留下了许多宝贵的精神财富。

谢子长同志具有"以天下为己任"和为共产主义奋斗的远大理想。他为了广大劳苦民众的翻身解放，毅然放弃了优越的生活条件，献身革命，义无反顾。

……

谢子长同志为人民利益万死不辞，对革命事业无限忠诚的高贵品质永远值得我们学习。

英雄已逝，浩气长存！

后　记

英雄已去　精神永存

完成这本传记断断续续花费了三个多月的时间。在写作之前，我搜集到谢子长的一张肖像照，就是本书开始的那张照片。在谢子长和恋人尤祥斋通信期间，因为尤祥斋的妈妈想看看未来的女婿长什么样儿，所以在尤祥斋的要求下谢子长"舍命"照了一张照片。为什么说舍命呢？因为当时国民党反动派正在全国通缉谢子长，所以这张照片也成了英雄唯一的一张照片。这本书直到写完最后一个字，我的眼前始终浮现的是谢子长那张瘦削坚毅的脸庞，我也由最初对英雄的感性认识上升到了理性认识。

从西北红军和陕甘革命根据地的创建到现在，几十年过去了，对于生长在和平建设年代的我来说，回想英雄走过的战火纷飞、硝烟弥漫、枪林弹雨的年代，我都会心潮澎湃，心情难以平静。我们今天能过上这样和平、幸福的生活，是无数的英雄们抛头颅、洒热血，用生命和鲜血换来的，我们还有什么理由不珍惜今天的幸福生活呢？我是年过四十的人，青少年时期在学校就接受过这样的教育，说实话，那时对这种革命精神还没有什么太深的认识，更多的是流于表面。尤其是当今社会，物质极大丰富的年代，青少年们似乎很难记起什么英雄，幸福的生活对于他们来说是理所当然的。但我相信他们看了英雄走过的艰难的道路，了解了英雄崇高的精神境界，我想对他们是一件极为有益的事。

让我们再来回顾一下英雄走过的道路。

他从青少年时期开始接受革命思想，走上革命道路。

他为寻求革命真理，寻求救国救民道路，曾到天津、北京等地，接受共产党员李子洲、魏野畴等的影响，参加进步青年组织"共进社"，1925年加入中国共产党，从此坚定地走上为党的革命事业奋斗终生的道路。

他领导当地人民参加反帝反封建的革命运动，审判土豪劣绅，废除苛捐杂税，为穷苦百姓谋幸福，被当地群众称为"谢青天"。

他领导组织了震动西北的渭华起义和清涧起义，让革命的火种在西北大地上熊熊燃起。虽然起义失败了，但是却对国民党在陕西的反动势力给以沉重的打击，使中国共产党在人民群众心目中的影响不断扩大。起义军建立了各级地方红色革命政权，打土豪，分田地，让农民摆脱了土豪劣绅的欺压。

他曾是反动派全国通缉悬赏捉拿的"要犯"，就是在这样极其艰苦和危险的条件下，他仍然坚持革命斗争，积极开展兵运工作。他说："革命就得不怕死，就得能吃苦。"

他是中国工农红军陕甘游击队的创建人之一，领导红军指战员开辟了陕甘革命根据地。他在西北人民群众中享有极高的威望。"陕甘游击队，老谢总指挥。"当年流传在陕北的民歌，真实地表达了人民群众对谢子长的爱戴。

由于党内"左"倾错误，他曾两次被撤职，蒙冤受屈，但是他都以坚强的意志，宽阔的胸怀对待，坚定信仰，走革命的道路。

他戎马一生，驰骋战场，骁勇善战；他爱兵如子，与战士同甘苦，共患难。

在他的影响下，他的家庭也成为名副其实的革命家庭，有十一人参加革命，先后有八人牺牲……

党和人民没有忘记他，给予他极高的评价：杰出的无产阶级革命家，优秀的军事指挥员，陕北人民的领袖，共产党人的楷模。

英雄无愧于这样的称号。

英雄离我们而去，精神却永远激励着我们。